진실로 강인한 사람은,

마음에는 금이 없다.
내 마음과 네 마음이 같다는 것을 알기 때문이다.

생각에는 색깔이 없다.
서로 다름에서 더 큰 하나를 보기 때문이다.

몸에는 힘줄이 없다.
자연스러운 감각을 사용하기 때문이다.

동서양 대표성인 8인의 마음수업

세상 밖으로 나온 **인문학**

동서양 대표성인 8인의 마음수업
세상 밖으로 나온 **인문학**

펴낸날 2016년 6월 20일 1판 1쇄

지은이 송태인

펴낸이 김영선
교정·교열 이교숙
디자인 차정아
일러스트 강난주

펴낸곳 (주)다빈치하우스-미디어숲
주소 경기도 고양시 일산서구 고양대로632번길 60, 405호
전화 02-323-7234
팩스 02-323-0253
홈페이지 www.mfbook.co.kr
출판등록번호 제 2-2767호

값 14,800원
ISBN 979-11-5874-011-5 (03100)

이 도서의 국립중앙도서관 출판예정도서목록(CIP)은 서지정보유통지원시스템 홈페이지(http://seoji.nl.go.kr)
와 국가자료공동목록시스템(http://www.nl.go.kr/kolisnet)에서 이용하실 수 있습니다.
(CIP제어번호: CIP2016011439)

동서양 대표성인 8인의 마음수업

세상 밖으로 나온 **인문학**

송태인 지음

미디어숲

여는 글

고전은
셀프카운슬링이다

   세상살이가 그 어느 때보다 녹록치가 않다. 크면 큰 대로 작으면 작은 대로, 많으면 많은 대로 적으면 적은 대로 위기의식을 느낀다. 더 큰 문제는 미래사회에 대한 희망이 보이지 않는다는 사실이다. 경제지표는 점점 낮아지고, 행복지표는 점점 어두워지고 있어 그저 불안하기만 하다.

   그 원인은 무엇일까? 고전에서는 난세의 원인을 '밖'에서 찾지 말고 '안'에서 찾으라고 한다. 자연환경보다는 인간환경을 먼저 살펴보고, 국제정세보다는 국내정세에서 그 불안의 원인을 찾으라 한다. 남의 집 기웃거릴 시간이 있으면 우선 자기 집을 살펴보고, 다른 사람 흠 잡지 말고 자기 자신의 치우침에서 문제의 원인을 발견하라고 한다. 왜 그럴까? 그것은 문제의 본질을 보는 인식의 거울이 내 '안'에 있기 때문이다. '안'이 어두우면 '밖'을 제대로 볼 수가 없다. 인문고전은 '안'을 밝게 비추는 길로 우리를 안내한다. 그래서 우리는 불확실한 시대에서 인문고전을 찾게 된다.

   이 책을 쓰게 된 동기는 고전의 지혜는 어느 경우에도 독점이 되어서는 안 된다는 생각에서다. '생활고전강의'와 '인문학상담활동'을 하면서 느낀 것은 고전에 대한 선입견이 너무 크다는 점이다. 고전은 암호가 아니다. 엄밀하게 말하면 고전은 어느 한 개인의 저작물도 아니다. 고전은 인류가 낳은 생존비법이다. 따라서 공기처럼 누구나 함께 지혜의 빛을 공유할 수 있어야 한다. 고전은 전공자의 영역이라는 벽을 깨야 한다. 또한 종교에서 사용하는 고전은 성역이라는 벽을 넘어서야 한다. 고전은 늘 곁에서 고락을 함께 나누는 친구 같은 존재여야 한다. 그래서 고전은 셀프카운슬링이다!

　이 책은 셀프카운슬링에 필요한 동서양 대표고전 8권을 한 권으로 묶었다. 『맹자』,『장자』,『국가』,『니코마코스윤리학』,『고백록』,『논어』,『금강삼매경』,『도덕경』이다. 원래 고전은 전문을 꼼꼼히 읽는 것이 정석이다.
　하지만 여기에서는 기존의 고전에 대한 통념을 완전히 깨기 위해서 텍스트의 내용 구성과 등장인물을 현대인들의 눈높이에 맞춰 과감하게 재구성하였다. 특히 각 고전의 시대적 배경을 오늘날로 바꾸어 클로즈업하고 인물, 사건, 지명, 고유 개념을 일반화하여 주석과 해설 없이 맛깔나게 읽을 수 있도록 하였다. 이러한 시도가 전문가들의 눈에는 거슬릴지도 모른다. 하지만 혼란의 시대에는 침묵보다 함성이 더 필요하다는 소신으로 용기를 내었다.

무엇이 진리인지 세상에 질문을 던져도 아무도 답해주지 않아 호기심에 목말라 있는 청소년들, 불확실 시대를 맞이하여 삶의 방향을 어디로 정해야 하는지 모르는 채 취업과 창업 그리고 사랑의 길을 찾아 헤매고 있는 청년들, 경쟁에 지치고 사람에 치여 새로운 삶의 길을 찾고 있는 중년들, 갱년기 빈집증후군에서 벗어나 진정한 나를 찾고 싶은 중년여성들, 은퇴 이후 의미 있는 삶을 설계하고 싶은 장년들, 아름다움과 풍요로운 노년을 꿈꾸는 어르신들에게 이 책을 권한다.

더서당인문학연구소 소장 **송태인**

차례

두 번째 이야기
공자가 학생을 만났다

세 번째 이야기
아리스토텔레스가 직장인을 만났다

다섯 번째 이야기

아우구스티누스가 종교인을 만났다

여섯 번째 이야기

석가모니가 주부를 만났다

일곱 번째 이야기
노자가 과학자를 만났다

첫 번째 이야기

장자가
학자를 만났다

장자
●
BC 369년– BC 289년, 중국 도가道家 초기의 가장 중요한 사상가

매미는 높이 날아오르는
봉황새를 보고 비웃는다

학자가 장자에게 물었다.

요즘 학자들은 '지식은 많은데 지혜는 적다'는 지적을 많이 듣습니다. 지혜의 높낮이는 어떻게 구분할 수 있을까요?

장자가 말하였다.

무릇 물이 깊게 괴지 않으면 큰 배를 띄울 수 없습니다.

예를 들어 마루의 움푹 팬 곳에 물을 한 잔 부으면 작은 풀잎은 떠서 배가 되지만, 여기다 컵을 놓으면 그냥 바닥에 붙습니다. 물은 얕고 배는 크기 때문입니다.

마찬가지로 바람이 두텁게 쌓이지 않으면 봉황새의 큰 날개를 띄울 만한 힘이 없습니다. 봉황새가 하늘 높이 날 수 있는 것은 높이만큼이나 두터운 바람이 하늘 아래에 있기 때문입니다. 그렇게 해야 봉황새는 바람에 의지하여 푸른 하늘을 등에 업고 자유롭게 날아갑니다. 앞길을 가로막는 것이 하나도 없어야 비로소 넓은 지혜의 바다를 향해 나아갈 수 있는 것입니다.

그런데 매미는 높이 날아오르는 봉황새를 보고 비웃으며 말합니다.

"우리야 있는 힘을 다해 봤자 기껏 소나무나 밤나무 가지 위로 오를 수 있어. 어느 때는 거기도 오르지 못하고 땅에 떨어지기도 하지. 그런데 저 봉황새란 놈은 왜 하늘 꼭대기까지 일부러 올라가려는 거야?"

가까운 곳에 나가는 사람은 세끼 먹을 것만 챙겨 가지고 가도 배를 불릴 수 있습니다. 하지만 먼 길을 가는 사람은 그만큼 먹을 것을 준비해야 합니다.

매미가 봉황새의 자유를 알 수 있겠습니까?

이렇듯 작은 지혜는 큰 지혜를 알지 못합니다. 수명이 짧은 것은 수명이 긴 것을 모릅니다. 어떻게 그것을 알 수 있겠습니까? 아침에 생겨났다가 햇빛을 보면 말라 죽는 조균이라는 버섯은 아침과 저녁을 아예 모르는 법입니다.

작은 것과 큰 것의 차이라는 게 이렇습니다. 그러니 겨우 논문 하나 쓸 정도의 지혜밖에 없는 학자, 자기 전공에 갇혀 다른 영역을 볼 수 없는 막혀 있는 학자, 권력에 아부하며 권세를 누리려는 졸부학자, 이런 학자들이야말로 바로 매미와 같은 사람들입니다.

똥 속에도 진리가 있다

학자가 장자에게 물었다.

학자의 본분은 진리를 탐구하는 것입니다. 그렇다면 '진리의 본성'은 무엇인지 듣고 싶습니다. 진리의 세계는 어떻게 표현할 수 있을까요?

장자가 말하였다.

진리의 세계는 어두운 사람에게 설명하기는 매우 어렵습니다. 그들은 은하수처럼 끝이 없는 진리 세계의 이야기를 들으면, 소리가 크기만 하지 진실하지 않고 현실과 너무 동떨어져 상식에 어긋난다고 생각하기 때문입니다. 가령 이런 이야기가 있습니다.

"백두산에 지혜가 밝은 자가 살았는데 그의 살결은 얼음과 같고, 자태는 처녀처럼 부드럽고 아름다우며, 고기를 먹지 않고 바람을 마시거나 이슬을 먹는다지. 그는 구름을 타고 다니며 용을 몰아 지구 밖으로 날아다닌다네. 그의 정신이 집중되면 모든 것이 병들지 않고 곡식도 잘 익는다네."

이런 종류의 이야기를 들으면 그 본질적인 맛은 음미하려 하지 않고 허황된 모습만 보고 피해 버린다는 것입니다.

시각장애인은 무늬와 빛깔의 아름다움을 볼 수 없고, 청각장애인은 황홀한 악기소리, 노랫소리가 들리지 않습니다. 그런데 어찌 육체에만 시각장애인, 청각장애인이 있겠습니까? 무릇 지혜에도 시각장애인, 청각장애인이 있습니다. 지금 현대인들은 청각장애인이 너무 많습니다.

진리는 이 세상의 만물을 포용하여 하나로 만들 수 있으니, 세상 사람들은 진리가 세상을 편안하게 만들어주기를 바랍니다. 하지만 진리가 왜 구태여 애써서 수고를 하겠습니까?

진리는 그 어떤 것에도 손상되지 않습니다. 큰 홍수가 나서 하늘에 닿을 지경이지만, 진리는 물에 빠지지도 않습니다. 가뭄이 극심하여 쇠붙이가 녹아내릴 지경이 되어도 진리는 뜨거운 줄도 모릅니다. 진리는 과거에도 현재에도 미래에도 항상 그 자리에 살아 있습니다. 진리는 밝은 사람이 보면 하늘에도 있으며 땅에도 있으며 사람에게도 있으며, 동물에게도 있으며 식물에게도 있으며, 돌과 먼지 심지어는 배설물에도 살아 있습니다.

정말 밝은 사람은
어떤 사람일까?

학자가 장자에게 물었다.

학자들의 관심사는 오직 '앎의 세계'입니다. 그런데 앎의 세계는 지극히 주관적이어서 스스로 안다고 판단하여 착각에 빠질 수 있습니다. 참된 앎이란 무엇입니까?

장자가 말하였다.

하늘의 일과 사람의 일을 모두 아는 사람은 '밝은 사람'입니다. 하늘이 하는 것을 아는 사람은 자연과 함께 살아갑니다. 사람이 하는 것을 아는 사람은 자기가 아는 것을 잘 사용하여 살아갑니다. 그렇게 해서 하늘로부터 받은 수명을 끝까지 다 살고 일찍 죽지 않습니다. 이것이 바로 참되게 안다는 것입니다.

하지만 거기에도 한계가 있습니다. 안다는 것은 어떤 것에 대해 안다는 것인데, 그 어떤 것은 언제나 바뀌고 있습니다. 그러니 어떻게 내가 하늘은 사람이 아니며, 사람은 하늘이 아니라는 것을 알겠습니까? 정말 밝은 사람이 있어야 참된 앎을 볼 수 있습니다.

그렇다면 정말 밝은 사람은 어떤 사람일까요?

'그는 사소한 것에 억지를 부리지 않습니다. 성공해도 우쭐대지 않습니다. 인위적인 일을 하려 들지 않습니다. 그는 일을 실패해도 후회하지 않고, 일이 자기 뜻대로 되어도 득의양양하지 않습니다. 그는 높은 곳에 올라가도 떨지 않습니다. 물속에 들어가도 젖지 않고, 불속에 들어가도 뜨거워하지 않습니다.'

지혜가 하늘의 경지까지 올라간 사람은 이렇습니다.

'그는 잠을 자도 꿈을 꾸지 않습니다. 깨어나도 근심이 없습니다. 맛있는 음식을 찾지 않습니다. 그는 아주 깊은 숨을 쉬는데, 보통 사람은 코로 숨을 쉬지만 그는 온몸으로 숨을 쉽니다. 남에게 굽신거리는 사람은 말을 할 때 우물거립니다. 욕심이 많은 사람은 더욱 자연의 힘을 잃게 됩니다.

그는 삶을 즐거워하지 않습니다. 죽음을 싫어하지도 않습니다. 이 세상에 태어나는 것을 기뻐하지도 않습니다. 죽는 것도 거역하지 않습니다. 거침없이 갔다가 거침없이 올 뿐입니다. 생명이 어떻게 시작되었는가를 묻지 않습니다. 또 생명이 어떻게 끝나는가도 알려고 하지 않습니다. 생명을 받은 대로 기뻐합니다. 또 생명을 잊고 다시 되돌아갑니다.'

이것을 마음으로 밝음을 버리지 않으며, 인위적인 것으로 자연을 간섭하지 않음이라 말합니다. 이것이 바로 참으로 밝게 아는 사람입니다.

이런 사람은 마음이 텅 비어 있고 모습이 조용합니다. 마음은 매우 크고 넓습니다. 기운은 가을처럼 시원하고 봄처럼 따뜻합니다. 기뻐하고 슬퍼하는 것은 계절이 바뀌듯이 자연스럽고, 사람과 사물이 하나로 아우러져 그 끝을 알 수 없습니다.

위대한 변론은 말하지 않는다

학자가 장자에게 물었다.

학자들은 '지식'을 먹고삽니다. 그런데 지식은 먹을수록 배가 고픕니다. 지식으로 지혜를 깨달을 수 있을까요?

장자가 말하였다.

무릇 처음부터 지혜는 경계가 없고, 사람의 말에는 처음부터 정해진 것이 없었습니다. 말 때문에 구분이 생겨나는데 이 구분에 대해 이야기해 봅시다.

왼쪽과 오른쪽을 나누고, 의견을 내놓은 후 이것을 증명하고, 사물을 분석하여 이것을 변론하고, 앞을 다투면서 서로가 옳다고 경쟁을 합니다. 이것을 일러 지식과 이론의 속성이라고 합니다.

참으로 지혜로운 사람은 세상 바깥에 대해 부인하지도 않고 논의하지도 않습니다. 역사책에 쓰인 훌륭한 업적에 대해 검토는 하지만 따지지는 않습니다. 구분하려고 해도 구분할 수 없는 것이 있고, 변론하고 싶어도 변론할 수 없는 것이 있습니다. 왜냐하면 지혜로운 사람은 이치를 마음속에 간직하지만, 보통의 학자들은 서로 보이려고 변론합니다. 그러므로 변론은 밝은 이치를 보지 못해 생겨난 것입니다.

무릇 위대한 이치는 설명할 수 없으며, 위대한 변론은 말하지 않습니다. 위대한 사랑은 편애하지 않으며, 위대한 겸손은 밖으로 보이는 겸양이 아닙니다. 위대한 용기는 사람을 해치지 않습니다. 이치가 드러나면 참 이치라고 말할 수 없고, 말로 따지려 들면 진실에 도달할 수 없습니다. 사랑도 특정한 대상에 고정되면 사랑이 될 수 없으며, 겸손도 지나치면 위선이 됩니다. 사나운 용기는 언젠가 무너집니다.

그러므로 지식으로는 밝은 지혜를 알지 못함을 알고, 멈출 줄 아는 사람이 완전한 학자입니다. 누가 말로 하지 않는 변론과 이치라고 말할 수 없는 이치를 알 수 있을까요?

만약에 이것을 아는 학자가 있다면, 그를 지혜의 보물 창고라고 할 수 있을 것입니다. 이 보물 창고는 채워 넣어도 차지 않고 퍼내도 비는 일이 없습니다. 그런데 왜 그런지는 아무도 모릅니다. 이런 경지를 일러 '감춰도 드러나는 지혜의 빛'이라고 합니다.

토론은 말장난에 불과하다

학자가 장자에게 물었다.

진리를 탐구하기 위한 가장 좋은 방법은 '토론'이라고 생각하는데 선생님 생각은 어떻습니까?

장자가 말하였다.

사물에는 저것이 아닌 것이 없고, 동시에 이것이 아닌 것이 없습니다. 저편에서 보면 보이지 않으나 이쪽에서 보면 잘 보입니다. 그러므로 저것은 이것 때문에 생겨나고 이것은 저것 때문에 생겨난다고 말할 수 있습니다. 다시 말하면 저것과 이것은 상대적으로 생겨난다는 뜻입니다.

삶이 있기에 죽음이 있습니다. 죽음이 있기에 삶이 있습니다. 되는 것이 있기에 안 되는 것이 있으며, 안 되는 것이 있기에 되는 것이 있습니다. 옳음이 있다면 그름이 있으며, 그름이 있다면 옳음이 있습니다. 그래서 참다운 학자는 상대적 입장에 서지 않고 하늘의 입장에서 모든 것을 바라봅니다. 이것이야말로 있는 그대로 본다는 뜻입니다.

하늘의 입장에서 바라보면 이것은 동시에 저것도 됩니다. 저것은 동시에 이것도 됩니다. 즉 저것에는 옳고 그름이 동시에 있으며, 이것에도 옳고 그름이 동시에 있습니다. 그렇다고 한다면 저것과 이것은 따로 있는 것이 아니며, 저것과 이것을 갈라놓을 수 없는 것을 말하여 여닫이문의 돌쩌귀라고 합니다. 돌쩌귀는 문짝의 중심에 있어야 끊임없이 회전할 수 있습니다. 옳은 것도 회전의 일부분에 지나지 않고, 그른 것도 회전의 일부분에 지나지 않습니다.

그러므로 상대적인 입장에 서는 토론은 말장난에 불과합니다. 진리를 탐구하는 방법은 오직 밝은 지혜를 따르는 것보다 더 나은 것은 없습니다.

학자는 해와 달과 이웃하고 우주를 옆구리에 끼고 노닐어야 한다

학자가 장자에게 물었다.

요즘 학자들은 '지식장사'라는 말을 많이 듣습니다. 참된 학자의 모습이란 과연 무엇일까요?

장자가 말하였다.

옛날에 이런 이야기를 들었습니다.

"성인은 속된 일에 종사하지 않고, 이익을 찾지도 않는다. 해를 피하지 않으며, 사람들이 구하는 것을 즐거워하지 않고, 이치를 일부러 따르려고도 하지 않으며, 말없이 말을 하고, 말하면서 말하지 않고, 티끌세상 밖에서 노닌다."

이것은 아주 맹랑한 소리인데 나는 이 맹랑한 소리가 오묘한 이치와 통하는 길이라고 생각합니다. 학자는 해와 달과 이웃하고 우주를 옆구리에 끼고 노닐어야 합니다. 또 만물과 하나가 되어 혼돈 속에 몸을 맡기고 천한 것도 존귀하게 여겨야 합니다. 사람들은 잘난 체하지만, 학자는 오히려 어리석게 행동해야 합니다. 만물을 있는 그대로 모두 옳다고 붙들어 포용해야 합니다.

삶에 집착하는 것이 미혹이라는 것을 알아야 합니다. 죽음을 싫어하는 것은 어려서 집을 잃고 돌아갈 줄 모르는 것과 같다고 알아야 합니다. 꿈속에서 술을 마시며 즐거워했던 사람은 아침에 깨어나 섭섭해서 웁니다. 반대로 꿈속에서 울며 슬퍼하던 사람은 아침에 깨어나 즐거운 마음이 되어 콧노래를 부릅니다. 우리가 꿈을 꿀 때는 그게 꿈인 줄도 모릅니다. 심지어 꿈을 꾸고 있는데도 꿈속에서 그 꿈을 풀이하고 있을 정도입니다. 꿈에서 깨어난 후에야 자기가 꿈을 꾸었다는 것을 비로소 알게 됩니다.

결국 꿈에서 깨어나면 우리들 삶이 한바탕 크게 꾼 꿈이라는 것을 알게 될 겁니다. 그런데 어리석은 사람들은 자기들이 항상 깨어 있는 줄 알고 주제넘게 아는 척합니다. 학자들은 쉬지 않고 새로운 이론을 말하지만 이 말도 꿈일 수 있습니다. 어리석은 학자는 이런 말을 듣고 터무니없는 이야기라고 생각할 것입니다. 하지만 수만 년 후에라도 이 뜻을 이해하는 큰 학자를 만난다면 그 긴 시간이 찰나와 같이 짧게 여겨질 것입니다.

이 문제에 대하여 조금 부연 설명을 해보겠습니다. 나와 당신이 논쟁을 했다고 칩시다. 당신이 나를 이기고 나는 당신을 이기지 못했다고 합시다. 그랬을 때 당신은 옳고 나는 그를까요? 내가 당신을 이기고 당신이 나를 이기지 못했다고 칩시다. 그러면 나는 옳고 당신은 그를까요?

한쪽이 옳으면 다른 한쪽은 반드시 그를까요? 양쪽이 다 옳거나 양쪽이 다 그른 경우는 없을까요? 당신이나 나나 모두 알 수 없으니 딴 사람들은 말할 것도 없습니다. 도대체 누구한테 부탁해서 올바른 판단을 하게 하면 좋을까요?

당신처럼 생각하는 사람에게 판단해 보라고 합시다. 하지만 생각이 이미 당신과 같은데 그 사람은 정말로 올바르게 판단할 수 있을까요? 반대로 나처럼 생각하는 사람에게 시켜 봅시다. 그 사람도 역시 나와 생각이 같으니 정말 올바르게 판단할 수 있을까요? 아니면 당신과 나와도 다르게 생각하는 사람에게 판단하게 해봅시다. 그 사람의 생각이 당신과 나와 다르니 올바른 판단을 할 수 있을까요? 반대로 당신과 나와 똑같이 생각하는 사람에게 판단하게 해봅시다. 생각이 전부 같다고 해서 올바른 판단을 한다고 할 수 있을까요?

이처럼 나나 당신, 다른 사람이 모두 다 알 수 없는데 여기서 또 누구를 더 기다려야 한단 말인가요? 옳고 그름을 따지는 소리란 언제나 변하는 법입니다. 따라서 이론에서 아예 답을 기대하지 말고, 옳으니 그르니 서로 따지는 소리를 그냥 대자연에 맡기고, 일체를 있는 그대로 받아들이는 것이 중요합니다.

학자들은 보통 '옳다, 옳지 않다', '그렇다, 그렇지 않다'고 언제나 주장합니다. 옳은 것이 언제까지 옳고, 그르다고 하는 것이 언제까지 그르다고 주장하는 학자들도 있습니다. 하지만 옳은 것과 옳지 않은 것, 그르다고 하는 것과 그르지 않은 것은 구별할 수 없습니다. 삶과 죽음, 옳고 그름을 넘어서 무한한 우주자연의 운행에 진리를 맡기는 것만이 우리가 무한한 자유를 얻을 수 있는 길이며 그것이 진정한 학문하는 자세입니다.

사람의 말이란
바람이나 물결 같다

학자가 장자에게 물었다.

가르치다 보면 의욕이 앞서 말을 함부로 전하게 됩니다. 자기중심을 잃지 않으려면 어떻게 해야 합니까?

장자가 말하였다.

말이 과장되면 사실과 멀어지게 됩니다. 사실과 멀어진 말에는 신의가 없습니다. 신의가 없으면 말을 전한 사람이 화를 입게 됩니다. 그래서 '있는 그대로 전하고 과장된 말을 전하지 않으면 살 수 있다'는 격언이 있습니다.

또 이런 게 있습니다. 재주를 겨루는 사람은 처음에는 즐거운 기분으로 시작하지만, 마지막에는 꼭 꾀를 부립니다. 그것이 심해지면 괴상한 재주가 판을 칩니다. 시작은 단순하지만 진실에서 시작하여 늘 거짓으로 끝이 납니다.

사람의 말이란 바람이나 물결 같습니다. 행동에는 얻음이 있고 잃음이 있습니다. 바람이나 물결은 움직이기 쉽고, 얻음과 잃음은 위험에 빠지기 쉽습니다. 사람들은 모두 간사한 말과 일방적인 언사 때문에 화를 냅니다.

짐승은 죽을 때 아무 소리나 냅니다. 숨이 거칠어지고 사나운 마음이 올라옵니다. 사람도 마찬가지로 지나치게 다그치면 상대방은 반드시 안 좋은 마음으로 반응합니다. 안 좋은 마음으로 반응하면서도 자기가 그렇게 하는지 알지도 못합니다. 자신이 그런지도 모르는데 어떻게 일이 끝날지 알 수 있겠습니까. 쓸데없이 지나친 말을 하지 말아야 합니다. 자연의 소리를 바꾸거나 자신의 신념을 꼭 이루려고 너무 애쓰는 건 위험합니다.

좋은 일이 이루어지자면 시간이 오래 걸립니다. 하지만 나쁜 일은 순식간에 일어나니 되돌릴 수 없습니다. 따라서 에너지의 흐름을 타고 마음을 편안히 갖고 자연스러운 기운으로 가르쳐야 합니다. 그리고 어떻게도 할 수 없는 일은 그대로 내버려두는 것도 지혜입니다. 자기의 중심을 지키는 일이 가장 중요합니다. 자연의 말에 무언가 더 보태고 꾸며서 가르칠 필요가 있겠습니까. 자연 그대로를 전하는 게 훨씬 낫습니다. 물론 그렇게 하기는 아주 힘이 듭니다.

재주는 인공지능이
더 잘 부린다

학자가 장자에게 물었다.

요즘 '달인'이라는 말이 유행합니다. 학자에게 달인이란 무엇일까요?

장자가 말하였다.

옛날 아주 오랜 옛날에 호돌이라는 훌륭한 요리사가 살았습니다. 호돌이는 왕을 위하여 소를 잡았습니다. 그가 소를 잡을 때는 손을 갖다 대고 어깨를 기울이며 발로 디디고 무릎을 굽힙니다. 칼질하는 소리인 쓱쓱 하는 완벽한 음률이 마치 난타공연을 보는 듯합니다. 왕이 그걸 보고 말했습니다.

"참으로 잘도 하는구나. 이렇게도 재주가 뛰어날 수 있단 말이냐?"

호돌이는 칼을 내려놓고 대답했습니다.

"저는 다만 이치를 귀하게 생각할 뿐이옵니다. 이치라는 것은 재주를 넘어선 것입니다. 제가 처음에 소를 잡았을 때는 눈에 보이는 것은 소의 모습뿐이었습니다. 삼 년이 지나니 소가 통째로 보이지 않더군요. 지금은 소를 마음으로 대할 뿐 눈으로 보지 않습니다.

눈으로 보지 않으니 마음이 가는 대로 칼을 움직입니다. 원래 생긴 그대로의 고기 결을 따라 고기 사이의 틈바귀가 있으면 거기에 칼을 밀어 넣고 큰 구멍에 칼을 댑니다. 이렇게 소가 생긴 그대로 칼을 댈 뿐, 무리하게 소의 살이나 뼈에 칼을 댄 적이 없지요.

솜씨 좋은 소 잡이는 일 년 되면 칼을 바꾸는데 그건 고깃살을 가르기 때문입니다.

평범한 소 잡이는 한 달마다 칼을 바꾸지요. 뼈를 자르니까 그렇습니다. 하지만 저의 칼은 십구 년이나 되었고, 그동안 소를 수천 마리나 잡았지만 칼날은 방금 숫돌에 간 것 같습니다. 뼈마디에는 틈새가 있고, 칼날에는 두께가 없습니다. 두께가 없는 것을 틈새에 넣으니 널찍하여 칼이 여유 있게 움직일 수 있습니다. 그래서 십구 년이나 되었지만, 칼날은 방금 숫돌에 간 것 같죠. 하지만 살과 뼈가 엉킨 곳은 저도 어려워 두렵습니다. 거긴 아주 조심조심하여 집중하여 천천히 손을 움직여 칼질을 아주 미묘하게 움직이죠. 그러면 뼈와 살이 툭하고 갈라지는데 마치 흙덩이가 땅에 떨어지는 소리 같아요. 칼을 들고 일어서 일단 사방을 둘러보고 잠시 머뭇거리다가 흐뭇한 마음으로 칼을 닦아 갈무리를 합지요."

왕이 말했습니다.

"대단하구나. 오늘 네 말을 듣고 나는 진정한 달인의 자세가 무엇인지를 배웠다."

진정한 달인은 이치라는 밝은 빛을 사용하는 맑은 사람입니다. 재주는 인공지능이 더 잘 부릴 수 있습니다. 학자는 지식과 기술의 재주꾼이 되어서는 안 됩니다. 진정한 학자는 밝고 맑은 '자연본성'을 밝히고 살리는 데 탁월성을 발휘해야 합니다. 이것이 학자의 달인입니다.

걸으면서 발자취를 남기지 않기란 어렵다

학자가 장자에게 물었다.

학자는 학문의 연구도 중요하지만 정치지도자들이 올바른 정치를 하도록 도와야 한다고 생각하는데 선생님께서는 어떻게 생각하는지요?

장자가 말하였다.

큰 학자가 아니라면 도리어 역효과가 날 뿐입니다. 이치를 섣불리 말하면 시끄럽게 섞여 일이 복잡해지고, 복잡해지면 혼란스러워집니다. 혼란스러워지면 근심 걱정이 생기고, 근심 걱정이 생기면 남을 도울 수가 없습니다. 이런 이유 때문에 옛날에 큰 학자는 먼저 스스로 큰 이치를 닦은 다음에 남도 이치를 닦을 수 있도록 도왔습니다. 자기도 제대로 갖추지 못했는데 어떻게 포악한 정치인의 행동에 간섭을 할 수 있겠습니까?

당신은 덕이 어떨 때 녹아 없어지고, 지식이 어떻게 생겨나는지 아십니까?

덕은 명예에 대한 욕심 때문에 녹아 없어지고, 지식이란 경쟁심에서 생깁니다. 명예란 서로 헐뜯는 것이고, 지식이란 서로 다투기 위한 연장일 뿐입니다. 명예와 지식은 흉기이기 때문에 남을 이끌어 나가기 위해 쓰면 안 됩니다.

또 덕이 두텁고 믿음직스러운 학자라도 남의 마음을 전부 알 수는 없는 것입니다. 명예를 탐하지 않는 사람이라도 남의 마음을 알아볼 수는 없습니다.

그런데도 억지로 포악한 정치인 앞에서 정의와 진리를 이야기하면 남의 못됨을 이용하여 자기의 잘남을 드러내는 것과 같습니다. 이것은 결과적으로 다른 사람을 해치게 됩니다. 남을 해치면 자신도 반드시 해침을 당합니다.

만약 당신이 정치인에게 올바른 말을 했다면, 그 정치인은 반드시 당신의 허점을 찾아 내 교묘한 말로 당신과 싸울 것입니다. 그렇게 되면 당신의 눈은 어리둥절해지고, 얼굴빛이 바뀌고, 입으로는 변명하고, 공손한 표정으로 그에게 비위를 맞추려고 할 것입니다. 이건 불로 불을 끄고, 물로 물을 막는 꼴입니다, 이런 것을 일러 '한술 더 뜬다'고 말하는 것입니다. 일단 정치인에게 복종하기 시작하면 끝이 없게 됩니다. 자기를 믿어주지도 않는 사람한테 솔직한 말만 하다간 반드시 포악한 사람에게 죽게 됩니다.

큰 학자는 명예를 좇지 말아야 합니다. 그래서 정치인을 만났을 때 당신의 말을 받아주면 말을 하고, 받아주지 않으면 말하지 않아야 합니다. 속마음을 내보여 정치인에게 트집 잡히지 않고, 자기 마음을 한결같이 잘 다스려 어쩔 수 없는 경우 이외에는 움직이지 말아야 합니다.

걸음을 멈추어 발자취를 없애는 건 간단하지만, 걸으면서 발자취를 남기지 않기란 어렵습니다. 평범한 사람으로 남아 있는 한, 발자취를 없애기란 어렵습니다. 반대로 하늘을 따르고 자연에 몸을 맡기면 발자취의 흔적은 남지 않습니다.

날개가 있기 때문에 새는 하늘을 날 수 있습니다. 그러나 날개를 버려야 참다운 앎을 얻을 수 있습니다. 앎이 있어 사람들은 앎에 기대려 하지만, 그것을 버려야 참다운 앎을 얻을 수 있는 법입니다. 방이 텅 비어야 빛이 더 많이 들어옵니다. 마음이 비어 있어야 이치의 활동이 높아집니다.

마음이 비어 있지 않으면 잠시도 마음이 편해질 수 없습니다. 그저 들리고 보이는 대로 받아들이는 게 좋습니다. 자기가 아는 것으로 따져서는 안 됩니다. 이 정도가 되면 귀신조차도 움직일 수 있습니다.

이것이 큰 학자인 것입니다. 이 정도의 능력이 있는 학자라면 정치인에게 한 수 가르칠 만합니다.

흐르는 물에는 자기 모습을 비춰 볼 수 없다

학자가 장자에게 물었다.

오늘날 학자가 되기 위해서는 학력과 배경이 중요한데요, '학자의 자질'에 대해서 알고 싶습니다.

장자가 말하였다.

옛날에 형벌을 받아 발 하나가 잘린 사람이 있었습니다. 그런데도 그는 그 시대의 석좌교수들보다 더 훌륭한 제자들을 많이 배출하였습니다. 이를 이상하게 여긴 한 사람이 발 잘린 그분에 대해 물었더니 이렇게 말했습니다.

"살고 죽는 일은 아주 큰 문제입니다. 하지만 살고 죽는 일도 그분을 변하게 하지는 못합니다. 하늘과 땅이 뒤집혀도 그분을 움직이게 하지 못합니다. 그분은 진리를 깨달은 분이라 사물 따위에 따라서 변하지 않습니다. 그는 사물의 변화를 자연의 운명으로 알고 그대로 따르면서 이치의 근본을 지키는 마음을 갖고 있는 분입니다."

서로 싫어하는 입장에서 보면 하나의 몸 안에 있는 간이나 쓸개도 원수 같지만, 서로 좋아하는 입장에서 본다면 만물은 모두 하나입니다. 그래서 위에서 예를 들었던 발 잘린 학자는 눈으로 즐기고 귀가 좋아하는 것들을 추구하지 않는 것입니다. 만물을 똑같은 것이라고 볼 뿐 바깥 모습의 변화 따위는 보지를 않는 것입니다.

그래서 발이 하나 잘려도 그 일을 옷에 묻은 흙을 털어내는 일 정도로 생각할 뿐입니다.

흐르는 물에는 자기 모습을 비춰 볼 수 없습니다. 다만 고요한 물에서만 자기 모습을 비춰볼 수 있습니다. 오직 고요한 물만이 자기 모습을 보려고 하는 사람들을 머무르게 할 수 있습니다.

참다운 학자의 자질은 학력과 스펙이 아니라 자기의 모습을 보려고 스스로 애쓰는 사람입니다.

앉아서 고스란히 잊다니 그게 무슨 말인가?

학자가 장자와 공부에 대한 이야기를 나누었다.

학자: 저는 나아졌습니다.
장자: 무슨 말입니까?
학자: 저는 지식을 잊어버렸습니다.
장자: 좋습니다. 그러나 아직 멀었습니다.

다음 날 학자가 다시 장자를 뵙고 말하였다.

학자: 저는 더 나아졌습니다.
장자: 무슨 말입니까?
학자: 저는 기술을 잊어버렸습니다.
장자: 좋습니다. 그러나 아직 멀었습니다.

또 다음 날 학자가 다시 장자를 뵙고 말하였다.

학자: 저는 좀 더 나아졌습니다.

장자: 무슨 말입니까?

학자: 저는 앉아서 고스란히 잊게 되었습니다.

장자: 앉아서 고스란히 잊다니 그게 무슨 말입니까?

학자: 손발이나 몸을 잊어버리고, 귀와 눈의 작용을 쉬게 합니다. 몸을 떠나고 앎을 몰아냅니다. 그리하여 큰 트임과 하나가 되는 겁니다. 이것이 제가 말씀드리는 좌망坐忘입니다.

장자: 자연의 이치와 같아지면 좋아하고 싫어하는 것이 없고, 변화와 함께 하면 막히는 데가 없어집니다. 당신이야말로 훌륭한 학자입니다. 청컨대 나도 당신 뒤를 따르게 해주십시오.

옳고 그름을 따지게 되면
자연의 이치는 허물어진다

학자가 장자에게 물었다.

학문하는 방법은 수도 없이 많습니다. 제가 궁금한 것은 밝고 맑아지는 공부입니다. '밝아지는 공부는' 어떻게 해야 합니까?

장자가 말하였다.

옛날 사람은 그 지혜가 지극한 바가 있었습니다. 그 지혜는 어디에 얼마나 깊었을까? 일찍이 만물이 있은 적이 없는 경지를 알았는데, 지극하고 극진하기에 더 보탤 수가 없었습니다. 시간이 지나 만물이 생겨났습니다. 그래도 그때에는 아직 경계가 없는 상태를 아는 사람들이 있었습니다. 다시 시간이 지나 만물을 구별하기는 하지만, 아직은 옳고 그름을 따지지 않는 상태를 아는 사람들이 있었습니다. 옳고 그름을 따지게 되면 자연의 이치는 허물어집니다. 이치가 허물어지면 편애하는 마음이 생겨납니다.

하지만 과연 이치에는 이룸이 있고 허물어짐이 있을까요? 과연 이룸도 없고 허물어짐도 없을까요?

이치에 이룸이 있고 허물어짐이 있는 경우는 악사가 악기를 탈 때입니다. 이치에 이룸이 있고 허물어짐이 없는 경우는 악사가 악기를 타지 않을 때입니다. 악사가 악기를 타고, 스포츠 선수가 올림픽에서 금메달을 획득하며, 학자가 책상에 기대어 변론하는 재주는 모두 완벽에 가까운 수준이어서 그 이름이 후세에 남을 수 있습니다.

그러나 밝아지는 공부를 하는 사람은 이렇게 뽐내는 것을 천하게 여깁니다. 그들은 이런 방법을 쓰지 않고 자연에 스스로를 맡깁니다. 이것이 바로 밝은 지혜를 탐구하는 방법입니다.

아침에는 도토리 네 개, 저녁에는 세 개 줄게

학자가 장자에게 물었다.

진리를 탐구하려면 전공영역의 벽을 넘어 융합적인 사유가 필요합니다. 그러나 학교의 구조는 학과중심으로 치우쳐 있어 고정관념을 깨는 데 어려움이 많습니다. 좋은 방법이 없겠습니까?

장자가 말하였다.

사물은 원래 하나인데 이것을 모르고 죽도록 한쪽에만 집착하는 것을 '아침에 셋'이라고 합니다. '아침에 셋'이란 무슨 뜻일까요?

원숭이를 기르는 사람이 원숭이들에게 도토리를 주면서 말했습니다.

"얘들아, 내가 너희들에게 아침에는 도토리 세 개, 저녁에는 네 개 줄게."

원숭이들은 그 말에 모두 화를 냈습니다. 그러자 그 사람은 다시 이렇게 말했습니다.

"그럼 아침에는 네 개, 저녁에는 세 개 줄게."

원숭이들은 모두 날뛰면서 기뻐했습니다. 사실은 아무런 차이도 없는데 어떨 때는 기뻐하고 어떨 때는 화를 내는 것은 무엇 때문일까요?

자기 생각만 옳다고 굳게 믿기 때문입니다. 그래서 지혜로운 학자는 옳고 그른 것을 일부러 구별하지 않습니다. 모든 것을 하늘의 저울에 맡깁니다. 이것을 어느 쪽에도 치우치지 않는 하늘이치라고 합니다.

까칠한 제자는 이렇게 다루어라

학자가 장자에게 물었다.

요즘 제자들 교육시키기가 쉽지 않습니다. 지식과 기술은 넘쳐나고 있으며, 인터넷의 발달로 고급정보는 실시간으로 공유됩니다. 이러다 보니 배우는 학생들은 지식과 정보의 귀함을 모릅니다. 망나니 같은 학생들은 어떻게 다루어야 할까요?

장자가 말하였다.

요즘 학생들은 아주 조심하고 신중하게 다루어야 합니다. 우선 해를 입으면 안 됩니다. 겉으로는 학생들과 가깝게 지내는 척하고 속으로는 거리를 두십시오. 가깝게 지내는 척해도 무조건 학생들에게 빠지지 말고, 거리를 두어도 드러나지 않게 하십시오.

학생한테 빠져들면 같이 멸망합니다. 또 드러나게 거리를 두면 재앙이 닥칩니다. 요즘 학생들이 어린애라면 당신도 어린애가 되세요. 학생이 멋대로 행동하거든 당신도 멋대로 행동하세요, 학생이 엉터리로 굴면 당신도 엉터리로 구세요. 학생을 잘 이끌어 신뢰를 얻되 허물은 입지 말아야 합니다.

사마귀는 자기 팔을 벌리고 달려오는 수레바퀴에 맞섭니다. 자기 힘으로 수레바퀴가 벅차다는 걸 잘 알면서도 단지 자기 재능을 뽐내려고 합니다. 자기 능력을 지나치게 믿는 거지요. 그러니 부디 조심하고 신중하게 행동하세요. 자기가 훌륭하다고 자랑만 하고, 이런저런 일을 일일이 거스르면 오래 견디지 못합니다.

호랑이 사육사는 호랑이에게 먹이를 산 채로 주지 않습니다. 왜냐하면 호랑이가 살아 있는 먹잇감을 죽이려고 성을 내기 때문이지요. 또 통째로 먹이를 주지 않아요. 먹이를 발기발기 찢으려고 성을 내기 때문이지요. 그러니 호랑이가 배가 고픈지 부른지를 잘 살펴 성질이 드러나지 않도록 한다면, 비록 호랑이가 사나운 짐승일지라도 자기를 기르는 사람을 잘 따를 겁니다. 그러므로 호랑이가 사람을 해치는 건 사람이 호랑이의 성질을 건드렸기 때문이라오.

또 말馬을 사랑하는 자가 있었다오. 얼마나 사랑하는지 광주리에다 말똥을 담고 동이에다 오줌을 받을 지경이에요. 그런데 마침 말 몸뚱이에 모기나 등에가 붙어 있는 걸 보고 그놈을 잡으려고 말 등을 때렸지요. 깜짝 놀란 말이 고삐를 끊고 주인의 머리를 차 버리니 주인은 가슴을 다치고 말았습니다.

이처럼 사랑하는 마음은 지극하지만 사랑을 잃게 되는 경우가 있습니다. 어찌 조심하지 않을 수 있겠습니까? 그러니 사람본성을 잘 알고, 그 본성이 다치지 않도록 가르쳐야 합니다.

물고기는 강이나 호수에서 서로를 잊고 산다

학자가 장자에게 물었다.

학자는 지식을 수집하다 보면 이것저것을 많이 알게 됩니다. 그러다 보니 본의 아니게 주위사람들에게 아는 척하게 되고 잔소리도 많이 하게 됩니다. 간섭과 구속에서 벗어나 자연스럽게 살고 싶은데 좋은 방법은 없을까요?

장자가 말하였다.

죽고 사는 것은 천명天命입니다. 밤과 낮이 변함없이 있는 것은 하늘의 이치입니다. 사람이 관여할 수 없는 것이 있는데도 불구하고 우리는 마음으로 근심하거나 즐거워합니다. 하지만 이것이 이치는 아니지요.

사람들은 하늘을 어버이로 생각하여 존경하고 사랑합니다. 하물며 그 하늘이 만들어낸 자를 존경하지 않을 수 있겠습니까? 사람들은 권세가도 높이 생각하여 목숨까지 바치기도 하는데, 하물며 만물의 참된 주인에게 헌신하지 못할 까닭이 없습니다.

연못이 말라붙어 물고기가 모두 진흙 위로 드러났습니다. 물고기들은 서로 물기를 뿜어주고 거품을 내어 적셔주어 서로의 목숨을 유지합니다. 하지만 편안한 상태인 강이나 호수에서는 서로를 잊고 사는 것이 훨씬 더 좋습니다. 마찬가지로 애국자를 칭찬하고 매국노를 비난하지만, 둘을 다 잊고 이치에 동화하여 사는 것이 훨씬 낫습니다.

조물주는 내 몸을 만들어주고, 나를 힘들게 살아가게 하며, 늙으면 편안하게 해줍니다. 또 죽으면 나를 쉬게 해줍니다. 그러니 내가 살아 있는 것도 좋고, 내가 죽는 것도 좋다고 생각해야 합니다.

배를 골짜기에 감추고, 그물을 늪에 숨겨 두면, 사람들은 이제 안전하다고 생각합니다. 그러나 한밤중에 힘센 자가 그것을 걸머지고 달아나는데, 잠자는 사람은 그것을 모릅니다. 이처럼 물건이 크든 작든 아무리 잘 감추어도 오히려 잃을 수가 있습니다. 그러나 천하를 천하에 감추면 잃을 수가 없습니다. 이것이 모든 것의 참된 모습입니다.

사람은 어쩌다 한번 사람의 모습으로 태어났다고 기뻐합니다. 그러나 사람의 모습은 무궁무진하게 변화합니다. 그래서 그때그때의 즐거움은 이루 다 말할 수가 없습니다.

지혜로운 사람은 모든 것을 있는 그대로 맡기기에 아무것도 잃지 않는 경지에서 노닙니다. 따라서 일찍 죽어도 좋고, 오래 살다 늙어 죽어도 좋고, 시작은 시작대로 좋고, 끝은 끝대로 좋다고 합니다. 이것이 간섭과 구속을 떠나 자유롭게 산다는 것입니다.

명예에 얽매이지 말고,
모략의 곳간이 되지 마라

학자가 장자에게 물었다.

세간에서는 요즘 학자다운 학자가 없다는 목소리가 높습니다. 보다 큰 학자가 되기 위해서는 무엇을 경계해야 합니까?

장자가 말하였다.

명예에 얽매이지 말며, 모략의 곳간이 되지 마십시오.

일의 책임자가 되지 말며, 지식의 주인이 되지 마십시오.

다함이 없는 이치를 완전히 깨달아서 흔적이 없는 자연스러움에 노니길 바랍니다.

하늘에서 받은 것은 극진히 하며, 이익을 얻지 말고 오직 마음을 비워야 합니다.

큰 사람의 마음 씀씀이는 거울 같아 일부러 보내지도 않고, 일부러 맞아들이지도 않습니다.

있는 그대로 응할 뿐 갈무리하지도 않습니다.

그러므로 큰 학자는 만물 위에 군림하면서도 다치지 않는 것입니다.

두 번째 이야기

공자가
학생을 만났다

공자
●
BC 551년 ~ BC 479년, 유가사상儒家思想의 창시자

공부는
언제까지 해야 하는가?

학생이 공자에게 물었다.

선생님, 지겨운 공부는 언제까지 해야 합니까?

공자가 말하였다.

공부는 살아 있는 동안 멈추어서는 안 된다.

나는 열다섯에 배움에 뜻을 두었다. 서른에 세계를 바라보는 기준을 확립했고, 마흔에는 주위환경에 휘둘리지 않을 만큼 성장하였다. 쉰에는 사람이 태어난 이유를 알았고, 예순에는 어떤 사람을 만나더라도 포용할 수 있었으며, 일흔에는 마음 가는대로 행동하여도 이치에서 벗어나는 일이 없었다.

이것은 한 순간도 공부를 멈추지 않았기 때문이다.

지식과 기술은
꼭 배워야 하는가?

학생이 공자에게 물었다.

지식과 기술은 꼭 배워야 합니까?

공자가 말하였다.

사람이 되어 사람을 사랑하는 마음이 없다면 지식은 배워서 무엇을 할 것이며, 사람이 되어 사람을 진정으로 사랑하는 마음이 없다면 기술은 배워서 무엇을 하겠는가?

부귀도 정당한 방법이 아니면 취해서는 안 된다

학생이 공자에게 물었다.

학교에 다니면서 하기 싫은 공부지만 제가 꾹 참고 하는 것은 나중에 남들보다 더 부유하고 더 존귀한 삶을 살기 위해서입니다. 공부 잘하는 사람이 더 대우를 받는 것은 당연한 것이겠죠?

공자가 말하였다.

물론 공부를 잘하는 것은 좋은 일이지. 그런데 그 공부의 목적과 내용에 대해서는 고민을 해볼 필요가 있겠다.

부유하게 사는 것과 다른 사람들에게 귀하게 대접을 받는 것은 모든 사람이 원하는 바이지만 정당하게 획득된 것이 아니면 누리지 않아야 한다. 반대로 가난한 것과 남들이 천하게 생각하는 것은 사람들이 모두 싫어하는 바이지만 정당하게 주어진 것이 아니더라도 억지로 버릴 수 없는 경우가 있다.

배운 사람이 사람 살리기를 외면한다면 어찌 지혜롭다고 하겠는가? 배운 사람은 밥을 먹는 잠깐 사이도 사람을 살리는 마음을 잊지 않아야 하고, 급하고 구차한 때를 당해도 사람을 살리는 마음을 잊지 않아야 하며, 넘어지고 자

빠지는 위급한 순간에도 사람을 살리는 마음을 잊지 않아야 한다. 왜냐하면 공부의 목적은 '사람을 살리는 것'에 있기 때문이다.

자기가 이루고 싶은 것은
남도 이루게 하라

학생이 공자에게 물었다.

만일 사람들에게 널리 베풀고 인류를 위하여 헌신하려는 마음으로 공부를 한다면 훌륭한 학생이라고 할 만합니까?

공자가 말하였다.

어찌 훌륭한 학생이라고만 하겠는가? 아마 성인聖人일 것이다.

대체로 훌륭한 사람은 자기가 서고자 하는 것은 남도 서게 하고, 자기가 이루고 싶은 것은 남도 이루게 한다. 가까운 곳에서 이치를 발견하여 사람의 본성을 살릴 수 있다면, 이것이 곧 사람을 살리는 방법이다.

당신은 지금 무엇을
고민하는가?

학생이 공자에게 물었다.

선생님은 무엇을 고민하십니까?

공자가 말하였다.

사람다움의 덕을 수양하지 못하는 것, 배운 것을 익히지 못하는 것, 정의를 듣고도 실천하지 못하는 것, 치우친 습관을 고치지 못하는 것, 이런 것들이 나의 근심거리들이다.

남이 자기를 알아주지 않는다고 탓하지 마라

학생이 공자에게 물었다.

요즘은 학교를 졸업해도 취업하기가 정말 힘이 듭니다. 좋은 방법이 없을까요?

공자가 말하였다.

진정으로 실력 있는 학생은 자기에게 능력이 없을까 고민하지만, 남이 자기를 알아주지 않는다고 탓하지는 않는다.

다섯 가지를 실천할 수 있으면 성공할 수 있다

학생이 공자에게 물었다.

성공하고 싶은데 어떻게 하면 되나요?

공자가 말하였다.

다음의 다섯 가지를 실천할 수 있으면 성공할 수 있다.

'공손함·너그러움·믿음직함·밝게 알아차림·은혜로움'을 행하는 것이다. 공손하면 다른 사람들에게 업신여김을 받지 않는다. 너그러우면 뭇사람을 얻게 된다. 믿음직하면 다른 사람들로부터 신임을 받는다. 밝게 알아채면 공적을 세우게 된다. 은혜로우면 사람들을 부리기에 족하다.

자기 성장의 기쁨을 맛보아라

학생이 공자에게 물었다.

학교생활을 즐겁게 하는 방법을 알고 싶습니다.

공자가 말하였다.

배운 것을 나의 성장에 맞게 익힌다면 이 또한 기쁘지 아니한가?

뜻이 통하는 벗과 미래를 함께 설계할 수 있다면 이 또한 즐겁지 아니한가?

남이 알아주지 않아도 스스로 성장하는 배움의 맛을 안다면 이 또한 기분 좋지 아니한가?

배우기만 하고 생각하지 않으면 얻는 것이 없다

학생이 공자에게 물었다.

스마트시대, 이제 지식과 정보는 아무 곳에서나 얻을 수 있습니다. 그렇다면 학교에 가지 않고 독학하는 것은 어떻습니까?

공자가 말하였다.

배우기만 하고 생각하지 않으면 얻는 것이 없다. 하지만 생각만 하고 제대로 배우지 않으면 위태롭다.

나는 종일토록 밥도 먹지 않고, 밤새도록 잠도 안 자면서 생각만 한 적이 있다. 그러나 생각만 하는 것은 스승에게 직접 배우는 것보다 전혀 이로움이 없었다.

아는 척하는 것이 가장 큰 병이다

학생이 공자에게 물었다.

안다는 것은 무엇입니까?

공자가 말하였다.

'아는 것을 안다'고 하고 '모르는 것을 모른다'고 하는 것, 이것이 바로 진정으로 '아는 것'이다. 어정쩡하게 남의 지식을 조금 배웠다고 아는 척하는 것, 이것이 가장 큰 병이다.

시험공부만 하는 것은
모두에게 낭비다

학생이 공자에게 물었다.

요즘 학생들이 하는 공부는 무엇이 문제입니까?

공자가 말하였다.

옛날에 배우는 자들은 자기 성장을 위해서 공부했는데, 오늘날의 배우는 자들은 남에게 발탁되기 위해서 공부하는구나. 요즘 학생들처럼 문제집을 가지고 공부하는 것은 아무에게도 도움이 되지 않는다.

지식이 사람을
넓히는 것은 아니다

학생이 공자에게 물었다.

지식을 많이 습득하면 그만큼 사람이 커지는 건가요?

공자가 말하였다.

그렇지 않다. 사람이 능히 지식을 넓히는 것이지, 지식이 사람을 넓히는 것은 아니다.

답답한데도 배우지 않는 사람이
가장 답답하다

학생이 공자에게 물었다.

사람은 왜 공부를 해야 합니까?

공자가 말하였다.

사람은 불완전한 존재로 태어나서 공부를 통해 완전으로 다가가는 존재이다. 따라서 사람은 공부를 해야 한다는 사실을 '태어나면서부터 아는 자'는 최상이다. 그리고 공부를 해야 한다는 사실을 '배워서 아는 자'는 그 다음이고, 스스로 답답함을 느껴 배우는 자는 그 다음다음이다. 그런데 답답한데도 배우지 않는 자는 사람들이 최하급으로 간주한다.

배우기를 좋아하는 사람은
언행이 자연스럽다

학생이 공자에게 물었다.

저는 겉과 속이 다르다는 이야기를 많이 듣습니다. 말과 행동이 일치하는 사람이 되기 위해서는 어떻게 해야 합니까?

공자가 말하였다.

사람 살리기를 좋아한다고 말하면서, 인간본성 탐구하기를 좋아하지 않으면 어리석음의 폐단에 빠지게 된다. 지적인 것을 좋아한다고 말하면서, 지적 호기심을 좋아하지 않으면 허황됨의 폐단에 빠지게 된다.

신의를 좋아한다고 말하면서, 배우기를 좋아하지 않으면 해침의 폐단에 빠지게 된다. 정직을 좋아한다고 말하면서, 배우기를 좋아하지 않으면 야박함의 폐단에 빠지게 된다. 용기를 좋아한다고 말하면서, 배우기를 좋아하지 않으면 어지러움의 폐단에 빠지게 된다.

강함을 좋아한다고 말하면서, 배우기를 좋아하지 않으면 열광하는 폐단에 빠지게 된다. 배우기를 좋아하는 사람은 언행이 자연스러운 법이다.

하지 못하는 것과 하지 않는 것은 다르다

학생이 공자에게 물었다.
진리를 들으면 공감은 하는데 실천하기에는 힘이 부족합니다.

공자가 말하였다.
힘이 부족한 사람은 길을 가다가 중간에 그만두는 법이다. 그런데 학생은 지금 진리를 실천해 보지도 않고 스스로 한계를 긋고 있구나.

하지 못하는 것과 하지 않는 것은 다르다. 가령 여기에 어려운 수학문제가 있다고 하자. 그 문제를 풀다가 포기하는 것은 풀지 못하는 것이 아니라 스스로 풀지 않는 것이다.

공부는 자기를 바르게
고치는 것이다

학생이 공자에게 물었다.

시험 점수는 높은데 공부하면서 깨달은 것들을 실천하지 못하는 것은 왜 그런가요?

공자가 말하였다.

이치에 맞는 말을 들으면서 따르지 않아도 된다고 반박할 수 있겠는가? 이보다 더 중요한 것은 내가 이치에 맞도록 고치는 것이 더 중요하다.

부드러운 충고를 들으면서 면전에서 거부할 수 있겠는가? 이보다 그 참뜻을 찾아 내가 변화하는 것이 더 중요하다. 기뻐한다고 하면서 참뜻을 찾지 않고, 따른다고 하면서 고치지 않는다면, 그것은 공부를 하는 척할 뿐 진정으로 공부하는 태도가 아니다. 나를 스스로 고쳐 나가는 것이 공부의 핵심이다.

에너지 관리도
중요한 공부다

학생이 공자에게 물었다.

사회생활을 잘 하려면 어떻게 해야 하나요?

공자가 말하였다.

기호에는 세 가지 이로운 것이 있고, 세 가지 해로운 것이 있다.

분위기에 잘 어울리면서도 절제하기를 좋아하는 것, 남의 좋은 점을 말하기 좋아하는 것, 지혜로운 사람과 어울리기를 좋아하는 것은 이로운 것들이다.

방자한 쾌락을 좋아하는 것, 편안히 노는 것만을 좋아하는 것, 향연만을 즐기기 좋아하는 것은 해로운 것들이다.

자기보다 더 노력하는 사람과 가까이하라

학생이 공자에게 물었다.

학생다움의 자세에 대하여 알고 싶습니다.

공자가 말하였다.

학생이 신중하지 않으면 가벼워 보이고 학문도 견고하지 못하다. 진실한 태도로 신뢰 얻기에 힘쓰고, 자기보다 더 노력하는 친구들과 어울리며, 잘못이 있으면 고치기를 꺼려서는 안 된다.

배우는 사람은 편안함을 추구하지 않는다

학생이 공자에게 물었다.

제 꿈은 역사학자입니다. 학자로서 갖추어야 할 기본적인 자질은 무엇인가요?

공자가 말하였다.

학자는 배부름을 추구하지 않고 편안함을 추구하지 않으며, 일에는 민첩하면서도 언행은 조심하고, 스스로의 단점에 대해서는 이치를 터득한 사람에게 나아가 바로잡고자 한다.

이런 사람이야말로 지식을 넘어선 '지혜를 사랑하는 학자'라고 할 만하다.

그 사람이 편안히 여기는 바를 관찰하라

학생이 공자에게 물었다.

'사람을 판단하는 기준'에 대해서 알고 싶습니다.

공자가 말하였다.

먼저 그 사람의 행동을 보고, 그렇게 행동하는 원인을 관찰하라. 그 다음에는 그가 편안히 여기는 바를 관찰하라. 그가 어찌 자기 자신을 숨길 수 있겠는가?

두루두루 친하게 지내며 패거리를 짓지 마라

학생이 공자에게 물었다.

요즘 '왕따, 은따, 찐따'라는 말이 나돌 정도로 친구들 사이의 관계가 비정상적으로 흐르고 있습니다. 사이좋은 교실문화를 만들 수 있도록 하려면 어떻게 해야 할까요?

공자가 말하였다.

큰 그릇을 만드는 대인은 두루두루 친하게 지내면서 패거리를 짓지 않는다. 작은 그릇을 만드는 소인배는 패거리를 지으며 두루두루 친하게 지내지를 못한다.

지혜로운 자는 사람도 잃지 않고 말도 잃지 않는다

학생이 공자에게 물었다.

저는 교우관계에서 너무 나댄다는 말을 많이 듣습니다. 무엇이 문제일까요?

공자가 말하였다.

뭇사람이 싫어해도 반드시 살펴봐야 하고, 뭇사람이 좋아해도 반드시 살펴봐야 한다. 더불어 말할 만한데도 말하지 않으면 사람을 잃는 것이다. 더불어 말할 만하지 않은데도 말한다면 말을 잃는 것이다. 지혜로운 자는 사람도 잃지 않고 말도 잃지 않는다.

자기가 원하지 않는 바는
남에게도 행하지 않아야 한다

학생이 공자에게 물었다.

선생님께는 평생 좌우명으로 삼을 만한 것이 있습니까?

공자가 말하였다.

그것은 서恕일 것이다. 즉 자기가 원하지 않는 바는 남에게도 행하지 않는 것이다.

말만 잘하는
이와 벗하면 해롭다

학생이 공자에게 물었다.

좋은 친구 사귀는 기준은 무엇입니까?

공자가 말하였다.

이로운 벗이 셋이고 해로운 벗이 셋이다.

정직한 이와 벗하고, 성실한 이와 벗하고, 박식한 이와 벗하면 이롭다.

편벽된 이와 벗하고, 굽실거리는 이와 벗하고, 말만 잘하는 이와 벗하면 해롭다.

교육은 사람의 본성을 살리는 신성한 일이다

학생이 공자에게 물었다.

제 꿈은 모든 학생이 탁월성을 기르고 발휘할 수 있도록 돕는 훌륭한 교사가 되는 것입니다. 그 꿈을 이루기 위해서 지금부터 준비해야 할 것은 무엇일까요?

공자가 말하였다.

교사라면 다음 아홉 가지를 늘 생각해야 한다.

살필 때는 '밝게 살핌'이 중요하다는 것을 생각해야 한다.

들음에는 '주의 깊게 들음'이 중요하다는 것을 생각해야 한다.

안색은 '온화함'이 중요하다는 것을 생각해야 한다.

몸가짐을 '공손함'이 중요하다는 것을 생각해야 한다.

말함에는 '진실됨'이 중요하다는 것을 생각해야 한다.

일함에는 '경건함'이 중요하다는 것을 생각해야 한다.

의심이 날 때는 '물음'이 중요하다는 것을 생각해야 한다.

화가 날 때는 나중에 겪을 '어려움'을 생각해야 한다.

물질적 이득 앞에서는 '의로움'이 중요하다는 것을 생각해야 한다.

부모의 잘못은 완곡하게 말하되 원망해서는 안 된다

학생이 공자에게 물었다.

저는 부모와 갈등이 심합니다. 진로, 성격, 가치관 등 모든 면에서 자주 부딪치고 있습니다. 이럴 때 부모님을 어떻게 대해야 합니까?

공자가 말하였다.

부모를 대할 때에는 부모가 잘못하는 일이 있으면 완곡하게 간해야 한다. 그렇게 해도 부모가 자신의 뜻을 따르지 않을 경우, 여전히 공경으로 대하여 어긋남이 없어야 하고, 아주 어렵겠지만 수고로워도 원망해서는 안 된다.

외모의 아름다움이란 무엇인가?

학생이 공자에게 물었다.

요즘 친구들은 외모에 관심이 많습니다. 남자들도 성형수술을 하는 경우를 종종 봅니다. 외모가 그렇게 중요합니까?

공자가 말하였다.

바탕이 형식을 지나치면 촌스럽고, 형식이 바탕을 지나치면 어수선하다. 형식과 바탕이 어울린 후에야 자연스러운 멋이라고 할 수 있다. 마음씨와 외모는 동전의 앞뒤와 같다. 어느 한쪽으로 치우치는 것은 그런 척하는 것에 불과하다. 그런 척하는 것은 자기 자신을 속이는 행위이므로 시간이 지날수록 그 빛을 잃는 법이다. 따라서 멋을 아는 학생은 고운 마음씨가 환한 얼굴로 나타나도록 힘쓰는 친구일 것이다.

아리스토텔레스가
직장인을 만났다

아리스토텔레스

●

BC 384년 ～ BC3 22년, 고대그리스의 철학자로, 플라톤의 제자이며,
알렉산더 대왕의 스승

직장생활에서 가장 조심해야 할 것은 감정조절이다

직장인이 아리스토텔레스에게 물었다.

직장생활에서 가장 조심해야 할 것은 무엇입니까?

아리스토텔레스가 말하였다.

결론부터 말하면 '자기감정조절'입니다. 직장생활에서 피해야 할 도덕적 성품에는 세 가지가 있습니다. 즉 '악덕'과 '자제력 없음'과 '짐승 같은 상태'입니다. 이 세 가지에 반대되는 것들은 다음과 같습니다. 즉 악덕의 반대는 덕이고, 자제력 없음의 반대는 자제입니다. 그리고 짐승 같은 상태의 반대는 초인간적인 덕, 즉 '영웅적이고 신적인 성질의 덕'입니다.

그러므로 만일 세상 사람들이 말하는 것처럼 남달리 덕이 뛰어나 신이 될수 있다면, 이런 상태야말로 짐승 같은 상태의 반대가 될 것입니다. 짐승에게 덕이나 악덕이 없듯이, 신에게도 이런 것들이 없기 때문입니다. 신의 상태는 덕보다 고귀한 것이요, 짐승 같은 상태는 악덕과는 다른 상태입니다.

직장생활에서 사람들은 어떤 사람을 아주 높이 찬양할 때 흔히 '00의 신'이란 말을 쓰는데, 이러한 신적인 사람이 극히 드문 것처럼 짐승 같은 사람도 별로 많지는 않습니다. 짐승 같은 사람은 주로 야만인들 가운데서 볼 수 있습니다. 질병이나 불구 때문에, 또는 악덕 때문에 너무 엉뚱한 짓을 하는 사람들을 이렇게 부르는 경우도 있습니다.

따라서 여기에서는 일반적인 직장인들이 늘 부딪치는 자제력 없음과 참을성 없음, 그리고 자제와 인내에 대해서 알아보도록 하겠습니다. 그럼 먼저 사람들이 흔히 생각하는 것과 그 속에 있는 여러 가지 문제점을 살펴본 뒤, 그 가운데 옳은 것이 무엇인지 알아봅시다.

세상 사람들이 흔히 하는 말은 다음과 같습니다.

'자제와 인내는 둘 다 좋고 칭찬할 만한 것이고, 자제력 없음과 참을성 없음은 둘 다 나쁘고 비난할 만한 것이다. 그리고 자제할 줄 아는 사람은 헤아려 살핀 것을 지키려는 사람과 같고, 자제력 없는 사람은 헤아려 살핀 것을 쉽게 포기하는 사람과 같다'라고 말입니다.

자제력이 없는 사람은 자기의 행동이 나쁘다는 것을 알면서도 얽히고설킨 감정 때문에 그리 행동하는데, 자제할 줄 아는 사람은 자기의 여러 가지 욕정이 나쁘다는 것을 알고 이성에 의해 그것을 따르지 않습니다.

사람들은 절제하는 사람을 자제할 줄 알며 참을성 있는 사람이라고 부릅니다. 그리고 어떤 사람은 자제할 줄 아는 사람을 언제나 절제하는 사람으로 보지만, 또 어떤 사람은 그렇게 보지 않기도 합니다. 그리고 어떤 사람은 방자한 사람을 자제력이 없는 사람이라고 하고, 자제력이 없는 사람을 방자한 사람이라고 부르면서 이 둘을 똑같이 보지만, 다른 어떤 사람들은 이 둘을 구분하기도 합니다.

사람들은 실천적 지혜가 있는 사람은 자제력을 잃지 않는다고 하는데, 때로는 실천적 지혜가 있고 영리한 사람 가운데에서도 자제력이 없는 사람이 있습니다.

사람들은 대개 분노나 명예나 이익과 관련되는 것에서 자제력을 잃는 경우가 많습니다. 그런데 다음과 같은 것이 문제가 될 수 있습니다.

판단을 올바르게 내리는 사람이 자제력 없는 행동을 하는 경우입니다. 여기에 대해서 어떤 사람은 인식을 가진 사람이 그렇게 행동하는 것은 있을 수 없는 일이라고 주장합니다. 인식을 가진 사람이 다른 것에 마치 노예처럼 끌려다니는 것은 이상한 일이기 때문입니다. 소크라테스는 판단을 올바르게 하는 사람이 자제력이 없는 경우는 있을 수 없다고 생각하여, 인식이 다른 어떤 것에 지배되어 이리저리 끌려다닐 수도 있다는 견해에 반대했습니다. 소크라테스는 누구도 자신이 최선이라고 판단한 것과 반대되는 행동을 하지 않으며, 오직 무지에 의해서만 그런 행동을 한다고 보았습니다. 하지만 사실을 관찰해 보면 이런 생각은 잘 맞지 않습니다.

첫째, 욕정에 빠지는 사람은 그것이 나쁜 줄 알면서도 빠집니다. 또 술을 마시는 것이 건강을 해친다는 사실을 알면서도 술을 마십니다.

둘째, 만일 자제할 줄 아는 사람에게 강하고 나쁜 욕정이 있다면, 절제하는 사람은 자제할 줄 아는 사람이 아닐 것입니다. 왜냐하면 절제하는 사람에게는 지나치거나 나쁜 욕정이란 없으니 말입니다. 그러나 자제할 줄 아는 사람에게는 그런 욕정들이 없을 수 없습니다. 자제는 욕정이 없는 것이 아니라, 어떤 욕정이 나쁘다는 것을 알고 그것을 따르지 않는 것입니다. 한편 그 욕정들이 약하기는 하나 나쁘지 않은 것이라면, 그것들에 저항한다고 해서 훌륭하다고 감탄할 필요는 없으며, 만일 그것들이 나쁘기는 하나 약한 경우에는 그것들에 저항하는 것이 대단한 것은 못 됩니다.

셋째, 만일 자제가 사람으로 하여금 어떤 억지 의견이나 모든 억지 의견을 받아들이게 한다면, 더구나 그것이 그릇된 의견마저 받아들이게 한다면 그것은 좋지 못한 것입니다. 그리고 만일 자제력 없음이 어떤 억지 의견이나 모든 억지 의견을 쉽게 버리도록 한다면 '훌륭한 자제력 없음' 같은 것도 있을 수 있습니다.

넷째, 확신이 있어서 쾌락을 추구하고 선택하는 사람은 자제하지 못한 탓에 쾌락을 추구하는 사람보다 낫습니다. 왜냐하면 자제하지 못한 사람은 마음을 돌이킬 수 없기 때문에 오히려 확신 있는 사람보다 그 잘못을 고치기가 어렵기 때문입니다. 더구나 자제력이 없는 사람에게는 '물에 빠져 질식한 사람에게 무엇을 더 마시게 할 수 있단 말인가?'라는 속담을 적용할 수 있습니다. 만일 자제력이 없는 사람이 자신의 일에 대해 옳다고 확신까지 갖게 된다면, 그 마음을 돌이키도록 설득하려 해도 소용이 없고, 아주 다른 일을 하도록 설득해도 여전히 그 일을 할 것이기 때문입니다.

다섯째, 만일 자제력 없음과 자제력 있음이 모든 일과 다 관계가 있다면, 무조건적인 의미에서 자제력이 없는 사람은 과연 어떤 사람일까요? 모든 것에 있어서 자제력이 없는 사람은 없는데, 어떤 사람을 무조건적인 의미에서 자제력이 없다고 할 수 있을까요?

자제와 관련해서는 대체로 위와 같은 문제들이 제기되는데, 이에 대해 살펴보도록 하겠습니다.

먼저 자제력이 없는 사람은 알고서 그렇게 행동하는가, 아니면 모르고 행동하는가, 그리고 어떤 의미에서 알고 행동하는 것인가에 대해 살펴봅시다. 사람이 자제하지 못하고 행동하는 것은 어떤 의미에서 보면 이치에 어긋나는 잘못된 생각 때문입니다. 자제하지 못하는 감정 상태가 생기는 이유는 참된 의미의 인식을 갖지 못하고 단지 감성적 인식만을 지니기 때문입니다.

다음으로 '무조건적인 의미에서 자제력이 없는 사람'이 있는지에 대해서 생각해 봅시다.

자제하는 사람과 참을성 없는 사람은 모두 쾌락이나 고통과 관계가 있다는 것은 명백합니다. 그런데 쾌락 가운데 어떤 것은 필수적인 것이고, 어떤 것은 그 자체로 선택할 만한 것이지만 지나침으로 흐를 수도 있는 것입니다. 식욕이나 성욕과 같은 육체적인 쾌락은 필수적인 것입니다. 반면에 승리, 명예, 부, 좋은 쾌감을 주는 것과 비슷한 것들은 그 자체로는 선택할 만한 것입니다.

이런 이유 때문에 그 자체로 선택할 만한 것과 관련하여 올바른 이치를 어기고 지나침으로 나아가는 사람들을 보고 무조건적으로 자제력이 없다고 하지 않고, '돈이나 명예, 분노 같은 면에서', 즉 일정한 조건 아래에서만 자제하지 못한다고 말합니다. 이런 사람들은 '무조건적으로 자제력이 없는 사람'과는 다릅니다.

그러나 절제나 방종과 관련 있는 육체적 쾌락에서 자제력이 없는 사람들 가운데 자신의 선택과 판단을 어기면서 온갖 쾌락을 추구하는 사람은 무조건적으로 자제력이 없는 사람입니다. 이런 사람들은 '참을성이 없다'는 말을 듣습니다. 육체적 쾌락과 관련해서 자제력이 없는 사람과 방종한 사람은 동일합니다.

자제력이 없는 사람에게는 자제력이 있는 사람이 대립하고, 참을성이 없는 사람에게는 참을성이 있는 사람이 대립합니다. 참을성은 쾌락에 저항함으로써 생기고, 자제는 쾌락을 극복함으로써 생깁니다. 이런 이유로 자제력 있음이 참을성 있음보다 더 바람직합니다. 그런데 대부분의 사람이 저항하여 충분히 이겨내는 것들을, 잘 이겨내지 못하는 사람은 참을성이 없고 나약한 사람이라 할 수 있습니다.

자제와 자제력 없음도 이와 비슷합니다. 어떤 사람이 강렬하고 지나친 쾌락이나 고통에 졌다면, 그것은 이상한 일이 아닙니다. 만일 그가 저항을 했는데도 졌다면, 사실 우리는 그를 용서할 수 있습니다. 그러나 견딜 수 있는 쾌락이나 고통에 저항하지 않고 진 사람은 한심한 사람입니다. 물론 그것이 유전이나 질병 때문이라면 경우가 다를 것입니다.

오락을 좋아하는 사람도 방종한 사람으로 생각되곤 하지만, 사실 그런 사람은 참을성이 없는 사람입니다. 오락이란 일종의 휴식이므로, 숨을 돌리는 것일 뿐입니다. 오락을 좋아하는 사람은 이렇게 휴식하고 숨을 돌리는 데 있어서 지나친 사람입니다.

일반적으로 자제력이 없는 것과 악덕은 서로 다릅니다. 자제력이 없는 것은 악덕이 아닙니다. 왜냐하면 자제력이 없는 것은 선택에 의한 것이 아니기 때문입니다. 이에 반하여 악덕은 선택에 의한 것입니다. 물론 자제력 없음과 악덕으로 인해 나타나는 행위는 서로 비슷한 점이 있습니다.

자제력이 없는 사람은 올바른 이치에 어긋나는 육체적 쾌락을 확신 없이 추구하는 반면, 방종한 사람은 그런 쾌락을 확신을 가지고 추구합니다. 자제력이 없는 사람은 뉘우칠 줄 알지만, 방종한 사람은 뉘우칠 줄 모릅니다. 그래서 자제력이 없는 사람은 쉽사리 마음을 돌리고 태도를 바꿀 수 있지만, 방종한 사람은 그렇지가 않습니다.

따라서 자제력이 없는 사람은 방종한 사람보다는 나은 사람이고, 또 무조건적으로 나쁘지는 않은 사람입니다. 왜냐하면 그런 사람의 마음속에는 최선의 것, 즉 근본이 그대로 남아 있기 때문입니다. 방종한 것은 지속적인 불행이고, 자제력이 없는 것은 지속적이지 않은 불행입니다. 하지만 자제가 좋은 상태이고, 자제력 없음이 좋지 않은 상태임은 말할 것도 없습니다.

사람들은
왜 육체적 쾌락을 추구할까?

직장인이 아리스토텔레스에게 물었다.

직장생활을 잘한다는 것의 기준은 무엇일까요?

아리스토텔레스가 말하였다.

우선 무엇을 잘하는 것 즉 선善에 대하여 알아봅시다.

쾌락은 인간의 본성과 매우 밀접한 관련이 있습니다. 그래서 청년들을 교육할 때 쾌락과 고통을 이용하기도 합니다. 왜냐하면 사람들은 누구나 즐거운 것을 택하고 고통스러운 것을 피하기 때문입니다.

그런데 선과 쾌락과의 관계에 대해서는 다양한 의견들이 있습니다. 어떤 사람들은 선과 쾌락은 같은 것이 아니며, 쾌락은 결코 선이 아니라고 생각합니다. 또 어떤 사람들은 쾌락 가운데 일부만 좋은 것이고, 대부분은 나쁜 것이라고 생각합니다. 또 다른 사람들은 모든 쾌락이 선이기는 하지만, 쾌락이 세상에서 제일 좋은 것은 아니라고 생각합니다. 이들의 의견을 좀 더 자세히 살펴봅시다.

쾌락은 결코 선이 아니라고 주장하는 사람들은 다음과 같이 그 이유를 제시합니다. 즉 모든 쾌락은 본성적으로 지각될 수 있는 과정인데, 과정은 목적과 같은 것이 아니라고 말합니다. 예를 들어 집을 짓는 과정은 집 자체와 같지 않습니다. 또 절제 있는 사람은 쾌락을 피하며, 사려 깊은 사람은 고통이 없는 것을 추구하지, 쾌락을 추구하지는 않습니다. 더욱이 쾌락은 사유하는 데 방해가 됩니다. 가령 육체적인 쾌락이 그런 경우입니다. 또한 선해지기 위해서는 어떤 고유의 기술이 필요하지만, 쾌락에는 기술이 필요 없습니다. 아울러 어린아이들이나 짐승들조차도 쾌락을 추구합니다.

쾌락 가운데 일부만 좋은 것이고, 대부분은 나쁜 것이라고 생각하는 사람들은 다음과 같은 이유를 제시합니다. 쾌락 가운데는 사실 야비하고 비난의 대상이 되는 것이 여러 가지 있습니다. 또한 해로운 쾌락도 많으며, 그 중에 건강에 좋지 않은 것들도 있다는 것입니다.

쾌락이 선이기는 하지만 세상에서 제일 좋은 것은 아니라고 생각하는 사람들은, 쾌락이 목적이 아니고 하나의 과정이라고 이야기합니다. 이런 것이 쾌락에 관해서 사람들이 일반적으로 말하는 것들입니다. 이 의견들에 대해 좀 더 자세히 살펴봅시다.

우선 선에는 두 가지 의미의 선, 즉 무조건적인 선과 어떤 사람에게만, 또는 어떤 경우에만 선인 것이 있을 수 있습니다. 따라서 쾌락에도 그런 구별이 있을 수 있습니다. 나쁘다고 생각되는 것도 마찬가지로, 그 가운데 어떤 것은 무조건적으로 나쁘지만 어떤 사람에게는 나쁘지 않고 오히려 선택할 가치가 있는 경우도 있습니다. 또 어떤 것은 어느 누구에게도 선택할 만한 가치가 없지만, 어떤 특별한 때에 잠깐 동안은 예외적으로 바람직할 수도 있습니다. 또 어떤 것은 쾌락이 아닌데 쾌락처럼 보이기도 합니다. 환자의 치료 과정처럼, 고통을 주긴 하지만 그 목적이 건강 회복에 있는 경우를 예로 들 수 있습니다.

하지만 목적이 과정보다 더 중요하다고 해서, 쾌락보다 더 좋은 것이 반드시 있어야만 한다는 법은 없습니다. 왜냐하면 쾌락은 과정이 아니고, 또 모든 쾌락이 과정을 수반하는 것도 아니기 때문입니다. 쾌락은 오히려 활동이요, 목적입니다. 쾌락은 우리가 어떤 능력을 발휘할 때 생겨나는 것입니다.

한편 쾌락을 주는 것들 가운데 불건전한 것도 있기 때문에 쾌락이 나쁘다는 의견은, 건강에 좋은 것들 가운데도 돈벌이에 나쁜 것이 있기 때문에 건강을 위하는 것은 나쁘다고 하는 주장과 비슷합니다.

실천적 지혜나 그 밖의 어떤 상태도 그것에서 생기는 쾌락 때문에 장해를 입지 않습니다. 관조나 공부를 통해 얻은 쾌락은 오히려 우리로 하여금 더욱더 잘 관조하게 하고, 더욱더 열심히 공부하게 합니다.

절제 있는 사람은 쾌락을 피하고, 사려 깊은 사람은 고통 없는 생활을 추구하고, 어린아이들과 짐승들이 쾌락을 추구한다는 주장은 모두 앞의 논의와 관련해서 해결될 수 있습니다.

우리는 이미 어떤 의미에서는 쾌락이 무조건적으로 좋으며, 또 어떤 의미에서는 쾌락 가운데 좋지 않은 것도 있음을 지적하였습니다. 그런데 짐승과 어린아이는 후자와 같은 종류의 쾌락을 추구하고, 사려 깊은 사람은 이것들로부터 조용히 벗어나 고통 없는 상태를 추구합니다. 즉 짐승과 어린아이가 추구하는 쾌락은 욕정과 고통이 따르는 쾌락, 즉 육체적 쾌락과 지나친 것들입니다. 그리고 이런 것들이 바로 그들을 방종하게 만듭니다. 그래서 절제 있는 사람은 이런 쾌락을 피합니다.

그런데 사람들은 왜 육체적 쾌락을 추구할까요? 그것은 우선 쾌락이 고통을 몰아내기 때문입니다. 사람들은 고통을 많이 경험하기 때문에, 그것을 피하기 위해 지나친 쾌락이나 흔히 말하는 육체적 쾌락을 추구합니다. 또 고통에 대한 반응이기 때문에 격렬한 감정을 낳습니다. 그러기에 다른 활동에서 기쁨을 맛보지 못하는 사람들이 추구합니다. 왜냐하면 이런 사람들은 육체적 쾌락 말고 다른 것에서는 전혀 기쁨을 느낄 수 없는데다가, 쾌락도 고통도 아닌 중간 상태를 더욱 고통스러워하기 때문입니다.

이상에서 살펴본 것처럼 쾌락이 곧 선은 아니고, 또 쾌락이라고 해서 모두 바람직하지 않은 것도 아닙니다. 산다는 것과 쾌락은 서로 밀접하게 연결되어 있으며 나눌 수 없는 것입니다. 사실 활동이 없으면 쾌락도 생기지 않으며, 또 모든 활동은 그에 따르는 쾌락 때문에 완전하게 됩니다.

그런데 활동에는 그 좋고 나쁨에 있어 여러 가지 차이가 있습니다. 즉 어떤 활동은 선택할 만한 가치가 있고 어떤 활동은 피해야만 하며, 또 다른 활동은 선택할 만한 것도 피해야만 할 것도 아닙니다. 따라서 쾌락에도 여러 차이가 있고, 이에 따라 우열이 결정됩니다. 그래서 관조나 사색이 주는 쾌락이, 감각이 주는 쾌락보다 높습니다. 또한 감각이 주는 쾌락에서도 시각이 촉각보다 높으며, 청각과 후각이 미각보다 높습니다. 따라서 '선善은 밝은 이치에 근거한 중용의 가치'입니다.

선한 직장생활이란 업무든 대인관계든 '중용의 가치'를 실천하는 것입니다.

행복이란 무엇일까?

직장인이 아리스토텔레스에게 물었다.

행복이란 무엇인가요?

아리스토텔레스가 말하였다.

어떤 탐구를 하거나 행동을 할 때, 우리는 무엇을 목표로 할까요? 아마도 무엇인가 좋은 것, 즉 선을 목표로 할 것입니다. 우리가 하는 모든 행동과 선택은 어떤 '좋은 것'을 목표로 합니다. 바꿔 말하면 좋은 것은 우리 모두가 목적으로 삼는 것입니다.

그런데 이런 여러 목표들 사이에는 차이가 있습니다. 어떤 경우는 활동 자체가 목적이 되고, 또 어떤 경우는 활동 자체가 아니라 그 결과로 생기는 것이 목적이 됩니다. 그런데 이런 활동이나 기술 및 학문의 종류는 너무나 다양하기 때문에 그 목적 또한 여러 가지입니다.

예를 들어 의학의 목적은 건강이고, 병법의 목적은 승리이며, 경제의 목적은 돈을 버는 것입니다. 그리고 서로 관련 있는 몇 가지 활동 가운데 으뜸이 되는 활동의 목적이 다른 종속적인 활동의 목적보다 중요합니다.

따라서 우리가 모든 일의 목적으로 삼는 것, 무슨 일을 하든지 그것 때문에 선택하는 것, 바로 그것을 '선한 좋은 것'이라고 할 수 있습니다. 그럼 우리가 추구하는 것이 어떤 선을 목적으로 한다면, 그 모든 선 가운데 최고의 선은 무엇일까요? 이 물음에 대한 사람들의 대답은 대개 비슷합니다. 즉 보통 사람이나 교양 있는 사람이나 모두 '행복'을 최고의 선이라고 대답합니다.

하지만 무엇이 진정한 행복인가에 대해서는 사람마다 생각이 다릅니다. 때로는 같은 사람도 때와 장소에 따라 다르게 생각하기도 합니다. 예를 들어 몸이 아플 때는 건강한 것을 행복이라고 생각하지만, 가난할 때는 부유함을 행복이라고 생각합니다.

자, 이제 최고의 선이 무엇인가에 대해 좀 더 자세히 살펴봅시다. 사람들의 생활 모습은 크게 다음 세 가지로 나누어집니다.

첫째는 향락적 생활로서, 쾌락을 행복이라 여기는 삶입니다. 이는 동물적인 생활로 많은 사람이 선택하는 삶의 모습입니다. 둘째는 정치적 생활로서, 명예로운 삶을 행복이라 여기는 삶입니다. 이 생활은 교양 있고 활동적인 사람들이 추구하는 삶의 모습입니다. 셋째는 관조적 생활로서, 명상하고 깊이 생각하는 삶입니다. 이것은 신의 활동과 가장 많이 닮은 이성적 생활로, 진리를 탐구하는 삶의 모습입니다.

이러한 생활 모습 가운데 어느 것이 최고의 선인 행복과 관계있을까요? 대답은 매우 분명합니다. 향락적 생활은 동물과 비슷한 생활이므로 절대 최고의 선이라고 할 수 없습니다. 정치적 생활이 추구하는 명예도 우리가 추구하는 최고의 선은 아닙니다. 왜냐하면 선은 자신의 행동에 따라 주어지는 고유한 것인데, 명예는 그것을 내려주는 사람에 따라 달라지기 때문입니다. 또한 사람들은 그 명예를 통해 자신이 선하다는 것을 보여주려 하기 때문입니다.

그 밖에 돈을 버는 생활은 어쩔 수 없이 하게 되는 것입니다. 돈은 단지 유용하고 다른 어떤 것을 추구하는 데 필요한 것일 뿐이지, 그 자체가 목적이 될 수는 없습니다. 그러므로 부유함도 역시 우리가 구하고자 하는 최고의 선은 아닙니다. 그렇다면 세 번째의 관조적 생활이 최고의 선일까요?

이 문제를 좀 더 명확하게 해봅시다. 삶의 목적은 여러 가지가 있습니다. 이 목적들 가운데 어떤 것은 다른 목적을 이루기 위한 것이기 때문에, 모든 목적이 똑같이 궁극적인 것은 아닙니다. 그런데 최고의 선은 확실하게 궁극적인 목적입니다. 따라서 오직 하나의 궁극적인 목적이 있다면, 이것이야말로 우리가 찾는 바로 그것입니다. 왜냐하면 다른 것을 위해서 추구되는 것보다 그 자체가 목적으로 추구되는 것이 더 궁극적이기 때문입니다. 그리고 여기에 해당되는 것이 바로 행복입니다. 우리는 언제나 행복을 목적 그 자체로서 추구할 뿐, 다른 어떤 것 때문에 추구하지는 않습니다.

이것은 또한 자족, 즉 스스로 만족한다는 관점에서 보더라도 같은 결론이 나옵니다. 궁극적인 선은 자족적입니다. 여기서 자족이란 어떤 한 개인, 즉 고립된 생활을 하는, 한 사람만을 만족시키는 것이 아니라 부모와 자녀, 아내, 친구, 나아가 같은 민족까지도 만족시켜야 한다는 것을 의미합니다. 왜냐하면 인간은 본래 사회적 존재로 태어나기 때문입니다. 또 자족이란 아무런 부족함 없이 그것만으로도 생활을 바람직하게 할 수 있는 것을 말합니다. 그렇다면 행복이야말로 바로 이런 것입니다. 행복은 모든 것 가운데 가장 바람직한 것이요, 다른 여러 가지 선들의 한 가운데에 있는 것입니다. 따라서 행복은 궁극적이고 자족적이며, 다른 모든 행동의 목적이라 할 수 있습니다.

성공과 실패는 운수에 달려 있는 것이 아니다

직장인이 아리스토텔레스에게 물었다.

행복한 삶이란 무엇입니까?

아리스토텔레스가 말하였다.

행복이 최고의 선이라는 것은 누구나 다 아는 이야기입니다. 그러나 행복에 대해 좀 더 살펴볼 필요가 있는데, 그러기 위해서는 먼저 인간의 기능에 대해 알아야 합니다. 예를 들어 조각가의 경우에, 좋은 조각가란 조각가의 기능을 잘 수행하는 사람, 즉 조각을 잘하는 사람을 의미합니다. 따라서 조각가의 선은 조각을 잘하는 것입니다. 피리 부는 사람의 경우도 이와 같습니다. 즉 피리를 잘 부는 사람이 좋은 피리 연주자입니다. 결국 '좋은 것'이나 '잘한다는 것'은 이렇게 기능과 관련이 있습니다.

그렇다면 사람의 경우는 어떨까요? 만약 사람에게도 고유한 기능이 있다면, 이와 마찬가지일 것입니다. 조각가나 피리 부는 사람에게도 어떤 기능이나 활동이 있는데, 인간 그 자체에 아무런 기능이 없다고 할 수는 없습니다.

눈이나 손, 발, 그리고 일반적으로 신체의 각 부분에 각각의 기능이 있듯이, 인간도 이 모든 것 외의 다른 어떤 기능을 가지고 있을 것입니다. 그렇다면 그 기능은 무엇일까요?

인간이 지니고 있는 기능은 다음 세 가지로 나누어 볼 수 있습니다.

첫째는 영양 섭취와 같이 생존에 꼭 필요한 생명의 기능입니다. 둘째는 감각과 운동의 기능이며, 셋째는 정신의 이성적 활동 기능입니다.

이 가운데 생명의 기능은 식물에도 있습니다. 또한 감각과 운동의 기능은 소나 말과 같은 동물들에게도 있습니다. 따라서 우리가 지금 찾고 있는 사람만이 지닌 특별한 기능은 '정신의 이성적 활동 기능'입니다. 그러므로 인간의 기능을 훌륭하게 수행한다는 것은 바로 이 이성적 활동을 잘 수행하는 것입니다. 그런데 사람의 이성적 활동은 그 활동에 알맞은 행위의 규범, 즉 덕을 가지고 수행할 때 보다 잘 할 수 있습니다. 따라서 선이란 덕과 일치하는 정신의 활동이라 하겠습니다.

그런데 우리 모두가 이성적 활동 능력을 가지고 있다고 해서 모두 똑같이 그 능력을 발휘하는 것은 아닙니다. 똑같은 피리 연주자라도 피리 연주를 잘 하는 사람이 있고 못하는 사람이 있는 것처럼, 이성적 활동도 사람에 따라 정도의 차이가 있게 마련입니다. 그러므로 참된 행복은 이성을 아주 잘 실현할 때 이루어집니다.

그런데 행복에는 외부적인 여러 가지 선도 필요합니다. 왜냐하면 적당한 수단이 없으면 고귀한 행위를 할 수 없거나, 또는 할 수 있다 해도 쉽게 할 수 없기 때문입니다. 많은 경우 우리는 친구나 재물, 정치적 권력 등을 수단으로 사용합니다. 그리고 좋은 가문, 착한 자녀, 아름다운 외모 등을 갖추고 있으면 더 좋을 수도 있습니다. 외모가 아주 못생겼거나, 가난한 집에 태어났거나, 외롭고 자식이 없는 사람은 행복해지기가 쉽지 않습니다. 또한 아주 못된 자식이나 친구를 둔 사람, 좋은 자녀나 친구를 두었지만 헤어진 사람도 행복해지기가 쉽지 않습니다.

그러므로 행복은 이런 종류의 조건들과도 관련이 있습니다. 그런 까닭에 어떤 사람들은 행복을 덕이 아닌 행운과 같은 것이라고 생각하기도 합니다.

그렇다면 행복은 학습이나 습관, 또는 다른 어떤 훈련을 통해 얻어지는 것일까요? 아니면 신의 섭리에 의해, 또는 우연히 생기는 것일까요? 이 물음에 대한 대답은 행복의 정의를 살펴보면 분명해집니다.

앞에서 행복을 덕이 있는 정신의 활동이라고 말한 바 있습니다. 그러므로 소나 말과 같은 동물을 보고 행복하다고 말하지 않습니다. 동물들은 정신적인 활동을 할 수 없기 때문입니다. 또 어린아이도 행복하다고 할 수 없습니다. 그들은 어려서 아직 정신적인 활동을 할 수 없기 때문입니다. 행복하다는 말을 듣는 어린아이는 그 아이가 그렇게 되었으면 하는 우리의 소망 때문에 그런 말을 듣는 것일 뿐입니다.

행복은 자신의 삶 전체에 걸쳐 완전한 덕을 실천함으로써 비로소 얻게 되는 것입니다. 사람은 일생을 사는 동안 여러 가지 변화를 겪고, 또 온갖 우연한 일에 부딪히게 됩니다. 최고의 행운 속에서 살다가 노년에 뜻밖의 큰 불운을 맞아 비참하게 죽은 사람에게는 아무도 행복하다고 하지 않습니다. 그런데 운수를 따져서 그 사람이 행복한지 아닌지를 결정하는 것은 아주 잘못된 일입니다. 인생의 성공이나 실패는 운수에 달려 있는 것이 아니기 때문입니다. 운수는 한낱 부수적인 것일 뿐입니다.

반면에 '덕이 있는 활동이 행복을 완성'합니다. 인간의 기능 가운데 덕이 있는 활동만큼 영원한 것은 없습니다. 행복한 사람들은 생활 속에서도 쉽게 변하지 않습니다. 불운 때문에 쉽게 불행에 빠지지도 않습니다. 다만 아주 큰 불운이 이어질 때만 불행하게 될 수 있습니다. 그리고 그런 큰 불운을 당한다 해도, 짧은 시간에 행복을 되찾을 수는 없겠지만, 오랜 세월을 두고 꾸준히 힘써 빛나는 성공을 거둘 수 있습니다.

미래란 확실치 않은 것인데, 우리는 행복이 하나의 목적, 모든 점에서 궁극적인 목적이라고 주장하고 있습니다. 그렇다면 잠깐 동안이 아니라 일생을 통해 완전한 덕을 지키며 행동하고, 동시에 외부적인 여러 가지 선을 지닌 사람은 행복하다고 할 수 있습니다. 우리는 살아 있는 사람 가운데 그러한 조건들을 갖추고, 또 앞으로도 갖추게 될 사람을 행복하다고 해야 할 것입니다.

화 조절 잘 하는 사람이
인생경영에 성공한다

직장인이 아리스토텔레스에게 물었다.

직장생활을 하다 보면 상하좌우 간 소통이 잘 되지 않아 화가 나는 경우가 많습니다. 자기감정을 조절할 수 있는 구체적인 방법에 대하여 알고 싶습니다.

아리스토텔레스가 말하였다.

이 문제를 해결하기 위해서는 먼저 정념과 덕의 관계를 잘 알아야 합니다. 사람은 감정을 가진 존재로서 정신 속에 생기는 것은 정념情念, 능력, 성품 세 가지입니다. 따라서 덕은 이 셋 가운데 어느 하나와 관련됩니다. 정념이란 욕망, 분노, 공포, 태연함, 질투, 환희, 사랑, 증오, 동경, 경쟁심, 연민 등 쾌락

또는 고통이 따르는 감정들입니다. 능력이란 우리가 이런 여러 가지 감정을 느낄 수 있는 것, 즉 노여워하거나 괴로워하거나 불쌍히 여기는 것입니다. 성품은 정념에 대해 잘 처신하거나 잘못 처신하게 해주는 것입니다. 즉 정념에 대해 어떻게 행동하느냐에 따라 성품이 정해집니다.

예를 들어 분노와 관련해서 너무 격렬하게 화를 내거나, 반대로 너무 약하게 화를 내면 우리는 잘못 처신하는 것으로, 이것은 성품이 좋지 못한 것입니다. 그러나 적절하게 화를 내면 잘 처신한 것으로, 이것은 성품이 좋은 것입니다. 다른 정념에서도 마찬가지입니다.

그런데 정념은 덕도 악덕도 아닙니다. 왜냐하면 우리는 우리의 정념에 따라 선하거나 악하다는 말을 듣는 것이 아니기 때문입니다. 뿐만 아니라 우리는 정념 때문에 칭찬이나 비난을 받지도 않습니다. 즉 공포나 분노를 느낀다고 해서 칭찬이나 비난을 받지는 않는다는 말입니다. 오히려 공포나 분노를 어떤 방식으로 느끼는가가 중요합니다. 즉 우리는 정념이 아닌 덕과 악덕 때문에 칭찬이나 비난을 받습니다.

또 우리가 노여워하거나 무서워하겠다고 선택해서 이런 감정이 생기는 것도 아닙니다. 오히려 선택은 덕과 관련이 있습니다. 흔히 정념에 관해 말할 때는 마음이 움직인다고 하지만, 덕에 관해 말할 때는 마음이 어떤 자세에 있다고 말합니다.

따라서 덕은 마음의 능력도 아닙니다. 어떤 감정을 느끼는 능력이 있다고 해서 선하거나 악한 것은 아니며, 칭찬이나 비난을 받는 것도 아니기 때문입니다. 또 이런 능력을 갖는 것은 본성에 따른 것이지만, 선한 사람이나 악한 사람이 되는 것은 본성에 따른 것이 아닙니다. 따라서 덕이 정념이나 능력이 아니라면, 그것은 결국 성품일 수밖에 없습니다.

그렇다면 덕은 어떤 상태의 성품일까요? 덕은 그것이 있으면 좋은 상태에 이르게 되고, 그것의 기능을 잘 발휘할 수 있게 해주는 것입니다. 예를 들면, 눈의 덕은 눈과 눈의 기능을 좋게 합니다. 눈의 덕을 통해 우리는 잘 볼 수 있습니다.

마찬가지로 말馬의 덕은 그 말을 좋은 말이 되게 하여 잘 달리게 하고, 말 탄 사람을 잘 지켜주며, 적의 공격에 잘 대비하게 합니다. 그러므로 인간의 덕은 인간을 선하게 하며, 인간의 일을 잘하게 해주는 성품입니다.

도덕적인 덕이 정확하고 좋은 것이 되려면 중간을 목표로 삼아야 합니다. 정념에는 지나침과 모자람, 그리고 중간이 있습니다. 예를 들어 공포나 분노, 쾌락이나 고통은 너무 많이 또는 너무 적게 느껴질 수 있는데, 그 어느 경우도 좋은 것이 못 됩니다. 마땅한 때에, 마땅한 일에, 마땅한 사람들에게, 마땅한 동기로, 그리고 마땅한 태도로 이런 것을 느끼는 것이 중간이고 동시에 최선입니다. 이것이 곧 덕의 특징입니다.

마찬가지로 행동에도 지나침과 모자람, 그리고 중간이 있습니다. 여기서도 지나침이나 모자람은 일종의 실패이고, 중간은 칭찬받는 것으로 일종의 성공입니다. 칭찬받는 것과 성공하는 것은 둘 다 덕의 특징입니다. 과녁을 빗나가기는 쉽지만 명중하기는 어렵듯이, 실패는 여러 방면에서 가능하고 성공은 오직 한 방면에서만 가능합니다. 그래서 예로부터 사람들은 '선하게 되는 길은 오직 하나요, 악하게 되는 길은 여럿이다'라고 하였습니다.

덕은 중용입니다. 지나침과 모자람은 악덕의 특징이고, 중용은 덕의 특징입니다. 그러므로 덕은 중용을 택하여 행동하는 성품입니다.

그것은 두 악덕, 즉 지나침으로 말미암은 악덕과 모자람으로 말미암은 악덕 사이의 중간입니다. 악덕이 정념과 행동에서 옳은 것에 미치지 못하거나 지나친 데 비해, 덕은 중간의 것을 발견하고 선택합니다.

그러나 모든 행동과 정념에 중용이 있는 것은 아닙니다. 어떤 것은 이미 그 자체로 좋은 것이 아니라는 사실이 드러납니다. 예를 들어 정념의 경우 악의, 파렴치, 질투 등은 이미 좋은 것이 아닙니다. 행동의 경우에도 간음, 절도, 살인 등은 이미 좋은 것이 아닙니다. 이것들은 이미 그 자체로 나쁜 것임을 드러냅니다.

따라서 이것들의 지나침이나 모자람은 나쁜 것이라고 말할 수 없습니다. 왜냐하면 이것들에는 옳은 경우가 아예 없기 때문입니다.

이것들은 언제나 그릇된 것입니다. 마땅한 때에, 마땅한 방법으로 도둑질을 한다고 해서 좋은 것이 될 수는 없습니다. 도둑질은 어느 경우에나 무조건 나쁜 짓입니다. 마찬가지로 정의롭지 못한 행위나 비겁한 행위, 방탕한 행위에 대해서도 중용과 지나침과 모자람이 있을 것이라고 기대하는 것은 어리석은 일입니다.

정리하자면 도덕적인 덕은 중용이며, 악덕은 지나침과 모자람 때문에 생겨난다는 것을 충분히 설명했습니다. 그런데 자기감정을 적절하게 조절하는 사람이 되는 것은 쉬운 일이 아닙니다. 왜냐하면 무슨 일에서나 중간을 찾기가 쉽지 않기 때문입니다.

예를 들면, 누구나 원의 중심을 찾아낼 수 있는 것은 아닙니다. 오직 그것을 아는 사람만이 할 수 있습니다. 마찬가지로 화를 내거나 돈을 쓰는 일은 누구나 할 수 있는 쉬운 일이지만, 이 일을 마땅한 사람에게, 마땅한 정도로, 마땅한 때에, 마땅한 동기에서, 그리고 마땅한 방법으로 하는 것은 누구나 할 수 있는 쉬운 일이 아닙니다. 그래서 중용을 잘 지키는 사람을 보기가 어려운 것이며, 그런 만큼 그런 사람은 더욱 칭찬을 받는 것입니다.

돈은 아름답게 써야
더욱 빛이 난다

직장인이 아리스토텔레스에게 물었다.

돈은 버는 것도 중요하지만 어떻게 사용할 것인가는 더욱 중요하다는 이야기를 많이 들었습니다. 돈은 어떻게 사용하는 것이 가장 바람직한가요?

아리스토텔레스가 말하였다.

재물에 대한 중용은 관후, 즉 너그럽고 후함입니다. 관후한 사람은 어떤 다른 일을 잘해서가 아니라 재물을 주고받는 일, 특히 주는 일을 잘하기 때문에 칭찬을 받습니다. 그리고 방탕과 인색은 재물에 관련된 지나침과 모자람입니다.

어떤 물건이든 쓰일 데가 있는 물건은 잘 쓰일 수도, 잘못 쓰일 수도 있습니다. 재물은 이와 같이 쓰일 곳이 있는 물건입니다. 무슨 물건이든 그 물건을 가장 잘 쓸 수 있는 사람이 그 물건에 관한 덕을 지닌 사람인데, 재물은 부에 관한 덕을 갖고 있는 사람이 가장 잘 사용할 수 있습니다. 우리는 바로 이러한 사람을 관후한 사람이라고 부릅니다.

재물을 사용하는 방법에는 쓰는 것과 주는 것이 있습니다. 반면에 재물을 얻고 지키는 것은 사용이 아니라 소유입니다. 따라서 재물을 당연히 얻을 데서 얻고, 그렇지 않은 데서는 얻지 않는 것보다는, 받아서 마땅한 사람에게 재물을 주는 것이 오히려 관후한 사람의 특징입니다.

왜냐하면 덕을 덕이라고 하는 이유는 남이 나에게 잘해 주는 것보다는 내가 남에게 잘해 주는 데 있고, 또 비천한 일을 하지 않는 것보다는 고귀한 일을 하는 데 있기 때문입니다.

그리고 준다는 것은 좋은 일을 하고 고귀한 일을 한다는 의미를 포함합니다. 그래서 감사와 칭찬은 재물을 얻으려고 하지 않는 사람이 아니라, 그것을 남에게 주는 사람에게 주어집니다. 사람들은 남의 것을 가질 때보다 자신의 것을 내어 주는 데에 더욱 인색합니다. 다시 말해 남의 것을 갖지 않는 것은 주는 것보다 쉬운 일입니다.

자신의 재물을 남에게 주는 사람은 관후하다는 말을 듣지만, 남의 재물을 갖지 않는 사람은 공정하다는 칭찬을 받을 뿐입니다. 관후한 사람은 모든 덕이 있는 사람들 가운데 가장 많은 사랑을 받습니다. 그들은 이롭고 도움이 되는 존재이며, 주는 사람이기 때문입니다.

덕이 있는 행위는 고귀하며, 또 고귀하기 때문에 사람들은 덕이 있는 행위를 합니다. 그러므로 관후한 사람은 다른 덕이 있는 사람들과 마찬가지로 고귀한 일을 위한 자신의 재물을 주며, 또 올바르게 줍니다. 즉 줄 만한 사람에게, 줄 만한 양을, 줄 만한 때에, 그리고 이 밖에 올바르게 주는 일에 맞는 모든 조건을 만족시키면서 줍니다. 그리고 기쁜 마음으로 고통을 느끼지 않으면서 줍니다.

이러한 사람들과는 반대로 옳지 못한 사람에게, 또는 고귀한 일 때문이 아닌 다른 이유 때문에 주는 사람은 관후한 사람이 아닙니다. 또 고통을 느끼면서 억지로 주는 사람도 관후한 사람이 못 됩니다. 왜냐하면 고귀한 행위보다 재물을 더 소중히 여기기 때문입니다.

관후한 사람은 또한 재물을 가져서는 안 될 때에는 갖지 않습니다. 가져서는 안 될 때에 갖는 것은 재물만을 소중히 여기는 사람의 특징입니다. 관후한 사람은 가질 만한 곳에서, 즉 자신의 소유물 가운데서만 갖습니다. 이와 같이 자신의 소유물 가운데서만 갖는 이유는 재물을 갖는 일 자체가 고귀해서가 아니라, 남에게 주기 위해서입니다.

또 그런 사람들은 자신의 소유물을 소홀히 다루지 않습니다. 왜냐하면 이 소유물로써 남을 돕고자 하기 때문입니다. 그리고 아무에게나 또는 누구에게나 주지도 않습니다. 줄 만한 사람에게, 주어야 할 때에, 그리고 주는 것이 고귀한 일인 경우에 주기 위해서입니다.

자신을 위해서는 남는 것이 거의 없을 정도로 남에게 많이 주는 것도 관후한 사람의 큰 특징입니다. 관후한 사람은 자기 자신을 돌보지 않습니다.

그런데 '관후하다'는 말은 그 사람의 재산에 따라 상대적으로 쓰입니다. 즉 관후는 주는 액수의 많고 적음이 아니라 주는 사람의 성품에 달려 있습니다. 예를 들어 천 원을 가진 사람이 남에게 백 원을 주는 것이 만 원을 가진 사람이 남에게 백 원을 주는 것보다 더 관후의 덕에 가깝다고 할 수 있습니다. 즉 자신이 가진 재물의 더 많은 비율로 남에게 주는 사람이 더 관후한 사람입니다.

자기 힘으로 재산을 모은 사람보다 재산을 물려받은 사람이 더 관후한 면이 있습니다. 그 이유는 첫째로 이런 사람은 궁핍했던 경험이 없고, 둘째로 사람은 누구나 자기 자신이 직접 이룬 것에 더 큰 애착을 갖기 때문입니다.

관후한 사람은 부자가 되기도 쉽지 않습니다. 왜냐하면 그런 사람은 재물을 얻거나 모으는 데 익숙하지 않고, 오히려 잘 내어 줄 뿐만 아니라 재물 그 자체보다는 남에게 주는 것을 더욱 소중히 여기기 때문입니다. 그래서 '재물을 지닐 자격이 가장 충분한 사람이 실제로는 가장 적게 재물을 얻는다'라는 말이 생겨나기도 했습니다. 세상일이 이렇게 돌아가는 데는 다 이유가 있습니다. 다른 경우에도 그렇지만, 재물을 얻으려고 애쓰지 않는 사람이 재물을 많이 가질 수는 없기 때문입니다.

그런데 관후한 사람은 줄 필요가 없는 사람에게, 또 필요가 없는 때에 아무릇게나 주지는 않습니다. 그렇게 하는 것은 관후한 성품에 따라 행동하는 것이 아닙니다. 이렇게 재물을 쓰고 나면 정말 써야 할 때는 아무것도 남지 않기 때문입니다.

이렇듯 관후란 재물을 주는 일과 받는 일에서의 중용이므로, 관후한 사람은 적당한 양을, 마땅한 일에, 기쁜 마음으로 주며 또 소비합니다. 그리고 당연히 얻을 곳에서 마땅한 양을 얻습니다. 올바르게 얻는 일에는 올바르게 주는 일이 따르며, 그릇되게 얻는 일에는 그릇되게 주는 일이 따릅니다. 그렇기 때문에 관후한 사람은 올바르지 못하거나 고귀하지 못하게 소비한 일이 있으면 괴로워합니다. 물론 이런 경우에도 그의 괴로움은 적당한 기준을 잃지 않습니다. 왜냐하면 마땅한 일에, 마땅한 모습으로 기뻐하거나 괴로워하는 것이 덕의 특징이기 때문입니다.

또 관후한 사람은 금전 문제에서 다루기가 쉬운 사람입니다. 왜냐하면 그는 돈을 모으는 데에 관심이 없고, 써서는 안 될 일에 썼을 때 괴로워하는 것 이상으로 써야 할 곳에 쓰지 못하는 것을 안타깝게 여기는 사람이어서 남에게 쉽게 속아 넘어가기 때문입니다.

관후와 반대되는 것에는 '인색과 방탕'이 있습니다. 재물에 대해서 지나치게 염려하는 사람을 보고 우리는 인색하다고 합니다. 한편 방탕이란 말은 가끔 서로 다른 두 가지 의미로 사용됩니다. 하나는 자제력이 없는 경우이고, 또 다른 하나는 생활에서 방종하게 돈을 쓰는 경우입니다. 그런데 원래 방탕한 사람은 단 한 가지의 나쁜 성질, 즉 재산을 낭비하는 성질은 가진 사람을 뜻합니다. 사실 방탕한 사람은 자신의 잘못으로 패가망신하는 경우가 많습니다. 삶을 살아가기 위해서는 어느 정도 재산이 있어야 합니다. 따라서 재산의 낭비는 일종의 패가망신인 것입니다.

방탕과 인색은 두 가지 일, 즉 주는 일과 얻는 일에 있어서의 지나침과 모자
람입니다. 방탕은 주는 일에 있어서는 지나치고, 얻는 데 있어서는 모자란 반
면, 인색은 대체로 주는 일에 있어서 모자라고 얻는 데 있어서는 지나칩니다.

　방탕의 두 특징, 주는 일에서의 지나침과 얻는 일에서의 모자람은 가끔 서
로 모순됩니다. 얻는 것이 없으면 줄 것 또한 없기 때문입니다. 자꾸 주기만
하면 재산을 쉽게 써 버리게 되는데, 방탕한 사람이란 명칭을 사용하는 것이
이런 경우입니다. 이런 두 가지 특징이 다 갖추어졌을 때는 방탕한 사람이 인
색한 사람보다 훨씬 낫습니다. 나이를 먹고 가난해지면 그 못된 버릇이 없어
질 것이고, 그렇게 되면 중간의 상태로 옮겨가게 될 수도 있기 때문입니다.

　방탕한 사람들은 관후한 사람의 특징도 가지고 있습니다. 주기를 잘하고
얻는 일을 거의 하지 않으니 말입니다. 다만 그런 사람은 이 두 가지 일을 올
바르게 잘하지 못할 뿐입니다. 그래서 만일 이러한 일을 올바르게 잘 할 수
있도록 교육을 받는다면 충분히 관후한 사람이 될 수 있습니다. 이런 까닭에
그들은 나쁜 성격을 가진 야비한 사람, 즉 사악한 사람이 아니라 다만 어리석
은 사람일 뿐입니다.

　방탕한 사람이 인색한 사람보다 훨씬 낫다고 생각되는 이유는, 방탕한 사
람은 많은 사람에게 혜택을 주는 반면, 인색한 사람은 아무에게도 심지어 자
기 자신에게도 이익을 주지 못하기 때문입니다.

　방탕한 사람은 쓰고 싶기는 하나 쉽게 재물을 얻을 수 없기 때문에 대개 옳
지 못한 데서 재물을 얻습니다. 이런 점에서 보면 치사하고 인색하다고 할 수
있습니다. 또 그들은 명예 같은 것을 아예 문제 삼지 않기 때문에 어디서든지
무턱대고 얻으려고 합니다. 그들은 남에게 주려는 욕망은 가지고 있으나, 어
디서 어떻게 재물을 취해야 하는가는 문제 삼지 않습니다.

따라서 그들이 남에게 주는 것은 관후한 행위라고 할 수 없습니다. 그들은 고귀하지도 못하고, 고귀한 것을 목적으로 삼지도 않으며, 올바르게 행동하는 것도 아니기 때문입니다. 뿐만 아니라 그들은 때로는 가난해야 할 사람들을 부자로 만들고, 훌륭한 인격을 가진 사람들에게는 아무것도 주지 않으며, 오히려 아첨하는 사람들에게 많은 것을 줍니다. 그런 의미에서 그들 대부분은 방종합니다. 그들은 마구 소비하며, 여러 가지 방종한 일을 하기 위해 돈을 낭비하고, 또 고귀한 것을 목적으로 삼지도 않습니다. 그러므로 방탕한 사람을 가르치지 않고 그대로 내버려두면 위에서 말한 잘못된 방향으로 나아가게 되지만, 세심하게 주의를 기울여 가르치면 중간의 올바른 상태에 도달할 수 있습니다.

이제 인색에 대하여 알아봅시다. 인색한 성질은 방탕과는 달리 고칠 수가 없습니다. 나이가 들거나 능력이 줄어들면 사람들은 더 인색해지는 경향이 있습니다. 방탕한 성질보다 더 깊이 인간의 본성에 뿌리 박혀 있습니다. 왜냐하면 대부분의 사람은 남에게 돈을 주는 것보다 받는 것을 더 좋아하기 때문입니다.

인색도 본래 두 가지, 즉 주는 일에서의 모자람과 얻는 일에서의 지나침에서 생겨나는데, 두 가지를 동시에 갖춘 완전한 인색은 거의 없고 대부분 두 가지로 나누어집니다. 즉 어떤 사람은 얻는 데서 지나치고, 또 어떤 사람들은 주는 데서 모자랍니다.

우리가 구두쇠, 수전노라고 부르는 사람들은 모두 주는 면에서 부족한 사람이지만, 남의 재물을 부러워하거나 탐내지는 않습니다. 깍쟁이라든가 무엇이든지 몹시 아껴 쓰는 사람은 뒷날 혹 돈이 없어 수치스러운 일을 당할까 싶어 어쩔 수 없이 돈을 아낀다고 말합니다. 이들이 이런 이름을 얻은 것은 무엇이든지 남에게 주는 것을 지나치게 싫어하기 때문입니다.

한편 어떤 사람들은 남의 물건을 취하면 자기 물건도 쉽사리 빼앗기리라는 공포심에서 남의 물건에 손을 대지 않습니다. 그러므로 이들은 다른 사람의 재물을 취하지도 않고, 또 자기 재물을 다른 사람에게 주지도 않습니다.

또 어떤 사람들은 무엇이든지, 그리고 어디서든지 얻기 때문에 너무 지나치게 재물을 얻습니다. 예컨대 뚜쟁이와 같이 좋지 않은 일을 하거나 적은 돈을 높은 이자로 빌려주는 사람들이 여기에 속합니다. 이런 사람들은 돈을 벌어선 안 될 곳에서 벌고, 가져야 할 분량 이상의 것을 갖습니다. 이들의 공통점은 이익에 대한 몹쓸 욕심입니다. 이들은 모두 이익 때문에, 그것도 얼마 안 되는 이익 때문에 더러운 욕을 먹습니다.

인색을 관후에 반대되는 것으로 이야기하는 것은 당연합니다. 왜냐하면 사람들이 방탕보다는 인색한 면에서 더 많은 잘못을 저지르기 때문입니다.

이번에는 '호탕'에 대해 이야기해 보도록 하겠습니다. 호탕 역시 재물에 관한 덕으로 여겨집니다. 그런데 호탕은 관후와는 달리, 소비 행위와만 관계가 있습니다. 소비 행위의 규모는 관후보다 훨씬 큽니다. 호탕은 '큰 규모에서의 알맞은 소비'입니다. 그 규모는 소비하는 사람, 그때의 사정, 소비 대상에 적절한 것이어야만 합니다.

우리는 작은 일이나 별로 크지 않은 일에서 알맞게 소비하는 사람을 호탕한 사람이라고 부르지 않습니다. 큰일에서 알맞게 소비하는 사람만을 호탕하다고 합니다. 호탕한 사람은 관후하지만, 관후한 사람이라고 해서 반드시 호탕한 것은 아닙니다. 호탕한 성품이 부족하면 '쩨쩨하다'고 하고, 반대로 너무 많으면 '천박함', '과시성 소비' 또는 '지나친 사치'라고 합니다. 이것은 마땅한 일에서 지나침으로 흐르는 것이 아니라, 옳지 못한 상황에서 옳지 못한 모습으로 지나치게 소비하기 때문입니다. 호탕한 사람은 돈을 어떻게 써야 하는지를 잘 알고, 많은 비용을 적절히 사용하여 명예로운 일을 합니다. 그리고 그러한 일을 매우 기쁜 마음으로 아낌없이 하며, 어떻게 하면 가장 훌륭한 결과를 얻을 수 있는가에 대해 신중히 생각합니다. 하지만 그들은 일을 마치려면 돈이 얼마나 들어가며 어떻게 해야 돈이 가장 적게 들어갈 것인지에 대해서는 생각하지 않습니다. 그러므로 호탕한 사람은 관후하기도 합니다. 관후한 사람도 마땅히 써야 할 비용을 마땅히 쓸 만큼만 쓰기 때문입니다.

재물에서는 가장 값이 많이 나가는 것이 가장 귀하지만, 성과에서는 크고 아름다운 것이 빛납니다. 호탕의 특징은 우리가 영광이라고 생각하는 일에 돈을 쓴다는 데 있습니다. 예를 들어 신들과 관계된 여러 가지 지출과 신들 외의 다른 어떤 숭배 대상을 위한 지출, 그리고 국가의 잔치를 크게 베풀어야 되겠다고 생각하는 것처럼 공공의 이익을 위해 베푸는 행위 등입니다.

하지만 위에서 말했듯이, 어느 경우에서나 우리는 그 지출의 당사자를 기준으로 삼습니다. 그리하여 그가 어떤 사람이며 어느 정도의 경제력을 가지고 있는가를 봅니다. 왜냐하면 지출은 그의 경제력에 맞아야 하고, 또 지출로 인해 생긴 성과만이 아니라 당사자에게도 어울리는 지출이어야 하기 때문입니다.

따라서 가난한 사람은 호탕할 수가 없습니다. 그들은 많은 금액을 멋들어지게 쓸 만한 경제력이 없기 때문입니다. 그러면서도 굳이 그렇게 해보려는 사람은 어리석은 사람입니다. 올바른 지출만이 덕이 있는 일인데, 그들은 자신이 쓸 수 있는 적당한 액수 이상을 쓰기 때문입니다. 큰 지출은 자신의 노력에 의해, 또는 조상이나 친척에게서 물려받은 것이 있어 그만한 지출을 할 수 있는 경제력을 가지고 있는 사람들, 또는 명문귀족 출신의 사람들에게나 맞는 것입니다. 그 정도의 사람이 되어야 규모가 큰 것과 값진 것을 아낌없이 베풀 수 있기 때문입니다.

호탕한 사람은 자신의 일에 돈을 쓰지 않고 공공의 일에 돈을 씁니다. 개인적으로는 일생에 한 번밖에 없는 결혼식이나 이와 비슷한 경우에만 호탕하게 돈을 씁니다. 또 호탕한 사람은 자기 집을 꾸밀 때 자기의 재산에 알맞게 꾸미고, 온갖 물건에 대해서도 알맞은 비용을 들입니다. 그들은 무엇을 만들든지 그 이상으로는 만들 수 없을 정도로 호탕하게 만들고, 그 지출도 보람 있게 합니다.

반면에 지나치게 지출하는 천박한 사람은 작은 일에도 정도 이상의 돈을 씀으로써 지나침으로 흐릅니다. 예를 들면 일반적인 회식을 마치 결혼식 잔치나 하는 양 치릅니다. 이는 명예를 위해서가 아니고 자기의 부를 자랑하기 위해서입니다. 그들은 이런 것들로 해서 자기가 존중받는다고 생각합니다. 이런 사람은 많이 써야 할 곳에는 적게 쓰고, 적게 써야 할 곳에는 많이 씁니다.

이에 반해 쩨쩨한 사람은 무슨 일에나 비용을 적게 쓰려고 듭니다. 그리고 많은 비용을 들인 경우에도 사소한 일로 그 성과의 아름다움을 깨뜨려 버립니다. 또 무슨 일을 하든지 망설이고, 어떻게 하면 돈을 가장 적게 쓸까 궁리하며 그렇게 하고서도 끙끙 앓습니다. 그리고 무슨 일을 하든지 자기가 쓸 수 있는 돈 이상으로 쓰고 있다고 생각합니다. 하지만 이런 성품은 악덕이긴 하지만 수치스러운 것이라고는 할 수 없습니다. 왜냐하면 이렇게 하는 것이 이웃 사람들에게 피해를 주거나 아주 보기 흉한 것은 아니기 때문입니다.

긍지 있는 사람이란 비굴함과 거만함을 초월한 사람이다

직장인이 아리스토텔레스에게 물었다.

직장인에게 '자긍심'은 중요한 덕목입니다. 자부심을 가지고 직장생활을 하기 위해서는 어떠한 자세가 필요한가요?

아리스토텔레스가 말하였다.

명예와 관련이 있는 '중용'의 상태가 긍지입니다. 긍지는 '정신이 크다'라는 뜻으로, '자부심'과 비슷하다고 할 수 있습니다. 긍지 있는 사람은 자신이 큰 일에 잘 어울린다고 생각하며, 또 실제로도 그런 사람입니다. 자신의 가치를 과대평가하는 사람은 어리석은 사람이지만, 자기의 덕에 비추어 자신의 가치를 생각하는 사람은 어리석은 사람도, 이성이 없는 사람도 아닙니다.

작은 일에 잘 어울리고, 또 스스로도 그렇게 생각하는 사람은 절제하는 사람이기는 해도 긍지 있는 사람은 못 됩니다. 마치 조그마한 사람이 단아하고 어여쁠 수는 있으나 아름다울 수는 없듯이, 긍지에는 큰 것과 관련이 있는 위대함이 포함되어 있습니다.

한편 자기 스스로 큰일에 어울린다고 생각하지만, 사실은 그렇지 않은 사람을 거만한 사람이라고 합니다. 물론 자신의 가치 이상으로 자신을 생각하는 사람이라고 해서 다 거만한 것은 아닙니다.

반면에 자신의 진정한 가치보다 낮게 자신을 생각하는 사람은 비굴한 사람입니다. 진정한 가치가 대단히 크든, 그저 보통쯤 되든, 또는 그 가치는 작은데 그보다 더 낮게 자신을 생각하든 간에 자신의 진정한 가치보다 못하게 스스로를 평가하는 것은 비굴한 사람이 하는 짓입니다. 이처럼 가치가 낮으면 낮을수록 비굴함도 더욱 커집니다.

그러므로 긍지 있는 사람은 자부심을 양적으로 표현하면 가득 찬 사람이고, 질적으로 표현하면 자부심을 알맞게 드러내는 사람입니다. 그렇기 때문에 긍지 있는 사람의 자부심은 그 가치에 마땅한 것인데 반해, 거만한 사람이나 비굴한 사람은 지나침이나 모자람으로 흐릅니다.

긍지 있는 사람이 특히 관심을 기울이는 것은 명예입니다. 명예는 겉으로 나타나는 선들 가운데 가장 큰 것입니다. 비굴한 사람은 자신의 진정한 가치에 비하여, 또는 긍지 있는 사람의 자부심에 비하여 부족한 사람입니다. 반면에 거만한 사람은 자기 자신의 진정한 가치에 비하여 지나치게 자신을 평가하지만, 긍지 있는 사람의 자부심에는 미치지 못하는 사람입니다.

긍지 있는 사람은 가장 큰 가치를 지닌 사람이므로 반드시 최고로 선한 사람입니다. 왜냐하면 보다 선한 사람은 보다 큰 가치를 지니며, 가장 선한 사람은 가장 큰 가치를 지니기 때문입니다. 그러므로 '선하지 않으나 긍지 있는 사람'이란 말은 있을 수 없습니다. 자기의 무기를 내버리고 도망치거나 남에게 해를 끼치는 일은 긍지 있는 사람에게는 어울리지 않습니다.

그러고 보면 '긍지'는 온갖 덕 가운데 일종의 왕관 같은 것으로 생각됩니다. 그렇기 때문에 참으로 긍지 있는 사람이 되기는 힘듭니다. 그것은 고귀하고 선한 성격 없이는 불가능하기 때문입니다.

긍지 있는 사람은 무엇보다도 큰 명예에 관심을 두고, 사소한 명예는 무시합니다. 그러므로 부나 권세, 그리고 모든 행운이나 불운에 대해서 자기의 마음을 잘 가눕니다. 그래서 행운을 만나도 지나치게 좋아하지 않고, 불운을 만나도 지나치게 괴로워하지 않습니다. 그들은 명예에 대해서도 그것이 큰일이나 되는 것처럼 처신하지 않기 때문입니다. 권세나 부는 명예를 주기 때문에 바람직하다고 여겨지지만, 명예조차 사소한 것으로 여기는 이러한 사람에게 다른 것들은 더욱 보잘것없는 것입니다. 그래서 긍지 있는 사람을 거만하다고 여기는 사람들도 있습니다.

행운으로 생기는 여러 가지 좋은 조건도 역시 긍지를 지니는 데 도움이 됩니다. 좋은 집안에서 태어난 사람은 존경을 받기에 마땅하다고 생각하며, 또 권세나 부를 누리는 사람들도 그렇게 생각하기 때문입니다. 그리고 이런 것들을 가진 사람들을 존경하는 사람이 종종 있기 때문입니다.

하지만 사실은 선한 사람만이 존경을 받아야 합니다. 물론 좋은 조건들도 가지고 있으면서 선한 사람은 더욱 존경받을 만합니다. 하지만 덕이 없으면 그러한 좋은 조건들도 아무 소용이 없습니다. 좋은 조건들을 가졌으나 덕이 없는 사람은 거만하고 예의가 없습니다. 그들은 남보다 우월하다는 생각으로 남을 무시하고 제멋대로 행동합니다. 긍지 있는 사람이 남을 무시하는 경우에는 그의 생각이 옳기 때문에 정당하지만, 세상 사람들은 정당한 이유 없이 남을 무시하는 경우가 많습니다.

긍지 있는 사람은 하찮은 위험에 뛰어들지 않으며, 위험에 처하는 것을 좋아하지도 않습니다. 그러나 큰 위험이 닥쳤을 때는 몸소 나아가 목숨을 아끼지 않습니다. 왜냐하면 그들은 어떤 조건(상황, 때)에서는 목숨보다 더 중요한 것이 있다는 것을 알기 때문입니다. 그리고 남에게 베풀기를 좋아하고, 남에게 도움받는 것을 부끄럽게 여깁니다. 그러나 만약 도움을 받으면 그보다 더 큰 도움을 주고자 합니다. 또 아무것도 요구하지 않고 스스로 남을 도와주며, 강한 사람 앞에서는 위엄 있고 약한 사람 앞에서는 겸손합니다.

뿐만 아니라 긍지 있는 사람은 세상에서 흔히 명예롭다고 여기는 것들을 목표로 삼지 않고, 크고 고귀한 일을 목표로 삼습니다. 그리고 미워하고 사랑하는 것에 늘 솔직합니다. 자신의 감정을 감추는 것, 즉 자신의 감정을 솔직히 드러내지 않고 사람들이 어떻게 생각할까에 더 관심을 기울이는 것은 비겁하다고 생각하기 때문에 솔직하게 말하고 솔직하게 행동합니다. 그들은 자기의 생활에서 남의 눈치를 보지 않습니다. 그건 노예의 특징이기 때문입니다. 따라서 모든 아첨꾼은 노예와 비슷하므로 자존심이 없는 사람입니다.

긍지 있는 사람은 또한 그다지 감탄하는 일이 없습니다. 그에게는 어떤 것도 크게 문제가 되지 않기 때문입니다. 그리고 온갖 언짢은 일을 기억하지도 않으며, 소문을 좋아하거나 농담을 즐기지도 않습니다. 남의 칭찬이나 욕에 별로 신경을 쓰지 않으므로, 자신이나 남에 관해서 말하지 않습니다. 또한 무턱대고 남을 칭찬하거나, 남을 나쁘게 말하지도 않습니다. 그들은 이익이 많고 쓸모가 있는 것들보다는 오히려 이익은 없지만 고귀한 것들을 추구합니다.

긍지 있는 사람의 모습을 그려 보면, 아마도 조용한 걸음걸이와 차분한 음성, 침착한 말투가 잘 어울릴 것입니다. 웬만한 일에 대해서는 대단하다고 여기지 않는 사람은 서두르거나 흥분하는 경우가 별로 없으니 말입니다. 이에 비해 날카로운 음성과 빠른 걸음걸이는 서두름과 흥분의 결과라고 할 수 있습니다.

긍지가 부족하면 비굴하고, 지나치면 쓸데없이 거만합니다. 그러나 이 두 가지를 악이라고 할 수는 없습니다. 다만 생각이 잘못되었을 뿐입니다. 비굴한 사람은 여러 가지 선한 일을 할 수 있음에도 자신의 진정한 가치를 스스로 낮추어, 자기는 그런 일에 맞지 않는다고 생각하여 자신에 대해서 잘못을 저지릅니다. 이런 사람은 어리석다기보다는 오히려 지나치게 소극적이라고 할 수 있습니다.

한편 거만한 사람은 자기 자신을 모르는 어리석은 사람입니다. 그런 사람은 그만한 가치를 지니지 못했음에도 명예로운 일에 손을 댑니다. 하지만 금방 실력이 드러나고 맙니다. 그리고 옷이나 보석이나 그 밖에 이와 비슷한 것들로 자신을 꾸미고, 자신에게 다가온 행운의 여러 가지 결과를 널리 자랑함으로써, 사람들이 자신을 존경해 줄 것이라고 생각합니다. 그러나 거만보다는 비굴이 긍지와 더 반대됩니다. 왜냐하면 비굴이 더 흔하고 좋지 않은 것이기 때문입니다.

또 명예와 관련해서 큰일이 아니라 평범하고 사소한 일에 올바르게 처신하도록 해주는 덕이 있습니다. 재물을 주고받는 일에 중용과 지나침과 모자람이 있듯이, 명예를 바라는 일에도 적당한 정도와 모자란 정도가 있고, 또 그것을 얻기 위한 마땅한 방법이 있습니다. 예를 들어 적당한 정도 이상으로, 그리고 옳지 않은 곳에서 명예를 얻으려 하는 사람은 야심가라 하여 비난을 받으며, 고귀한 이유가 있음에도 불구하고 명예를 얻으려 하지 않는 사람도 야심 없는 사람이라 하여 비난받습니다.

그러나 때로는 야심가를 사내답다 하여, 또는 고귀한 일을 사랑한다 하여 칭찬합니다. 반대로 야심 없는 사람을 부드럽고 자제할 줄 안다고 하여 칭찬하기도 합니다. '무엇을 좋아한다'는 것은 한 가지 이상의 뜻을 가지고 있으므로, 명예를 좋아하는 마음인 '야심', 즉 '명예욕'이란 말은 언제나 똑같은 뜻이 아닙니다. 그런데 사람들은 이 성질을 칭찬할 때에는 명예를 대부분의 사람들보다 더 사랑하는 사람을 생각하고, 반면에 이 성질을 비난할 때에는 명예를 지나치게 사랑하는 사람을 생각합니다.

명예와 관련된 중용의 상태를 나타내는 특별한 표현은 없습니다. 하지만 지나침과 모자람이 있으므로 당연히 중간도 있을 것입니다. 명칭은 없지만 이것은 명예에 관한 중용인 까닭에 칭찬받는 성품입니다.

같은 농담이라도 어떤 사람이 하느냐에 따라서 품격이 달라진다

직장인이 아리스토텔레스에게 물었다.

직장생활은 대인관계라고 해도 과언이 아닙니다. 요즘 살벌한 경쟁과 성과 위주의 직장문화 속에서 관계 맺기의 지혜에 대해서 알고 싶습니다.

아리스토텔레스가 말하였다.

사람들과 사귈 때, 즉 직장생활을 하거나 다른 사람과 만날 때 지나치게 다른 사람의 비위를 잘 맞추는 사람들이 가끔 있습니다. 이런 사람들은 상대방을 기쁘게 해주기 위해서 무엇이든지 칭찬만 하고 반대하는 일이 없으며, '자신이 만나는 사람들에게 절대로 괴로움을 주지 않는 것'을 삶의 목표로 삼습니다. 반대로 무엇이든지 덮어놓고 반대하며, 남을 괴롭히는 것을 아무렇지도 않게 생각하는 사람들도 있습니다. 이러한 모습은 둘 다 좋지 않으며, 오히려 그 중간 상태가 칭찬할 만합니다.

이 중간 상태란 칭찬할 만한 것은 올바르게 칭찬하고, 꾸짖을 만한 것은 올바른 태도로 꾸짖는 것을 말합니다. 이 상태를 나타내는 정확한 표현은 없지만, '우애'가 가장 비슷하다고 할 수 있습니다. 왜냐하면 여기서 더 나아가 사랑하는 마음이 생기면 좋은 친구가 될 수 있기 때문입니다. 그러나 이것은 상대에 대한 사랑을 처음부터 가지고 있는 것이 아니므로 우정과는 다릅니다. 즉 이러한 상태인 사람이 모든 일에 올바른 태도로 임하는 것은 누구를 미워하거나 사랑해서가 아니라, 그렇게 행동하는 것이 옳다고 생각하기 때문입니다.

그들은 아는 사람이나 모르는 사람이나, 친한 사람이나 그렇지 않은 사람이나 모두 똑같이 대하며, 상황에 따라 적절하게 대응합니다. 일반적으로 말해 그들은 사람들과 바르게 사귀는 사람입니다. 사람 사이의 관계에서 생기는 여러 가지 즐거움과 고통에 관심을 두지만, 고귀함과 유익함을 가장 중요하게 생각합니다. 그래서 상대방을 즐겁게 하는 것이 명예롭지 못하거나 해로울 경우에는 오히려 고통을 주는 것을 택합니다.

그들은 상대방에게 될 수 있는 대로 즐거움을 주려 하지만, 결과를 더 중요하게 생각하기 때문에 명예와 유익함을 얻을 수 있는 방향으로 행동합니다. 또 미래의 더 큰 즐거움을 위하여 현재의 고통을 견뎌냅니다. 그리고 교제하는 상대방의 신분과 처지에 따라 알맞게 행동합니다. 바로 이러한 사람이 중용의 덕을 갖춘 사람입니다. 하지만 이에 해당하는 적당한 명칭은 아직 없습니다.

이제 이와 반대되는 두 가지 경우를 살펴봅시다.

먼저 남을 기쁘게 해주는 것을 중요하게 생각하는 사람 가운데 다른 생각 없이 그저 기쁘게만 해주는 것이 목적인 사람은 지나치게 다른 사람의 비위를 잘 맞춥니다. 그런데 돈이나 다른 어떤 이익을 위해 그렇게 하는 사람은 아첨꾼입니다. 한편 앞에서 말했듯이 무슨 일에 대해서나 덮어놓고 반대하며, 남을 괴롭히는 것을 아무렇지도 않게 생각하는 사람은 버릇없는 사람 또는 말썽꾸러기입니다.

이번에는 대인관계에서 말이나 행동 또는 어떤 주장을 할 때, 진실을 추구하는 사람과 거짓을 추구하는 사람을 살펴보기로 합시다.

허풍선이는 사람들이 좋게 생각하는 것을 갖고 있지도 않으면서 갖고 있는 척하거나, 실제로 자기가 가진 것 이상으로 가진 체하는 사람입니다. 이와 반대로 겸손을 가장하는 사람은 자기가 가진 것을 아예 부정하거나 낮추어 말하는 사람입니다.

한편 이것들이 중용을 지키는 사람은 타고난 그대로의 사람이며, 행동이나 말에서 자기가 가진 것만을 자기의 것이라 말하고 그 이상도 그 이하도 자기 것으로 내세우지 않는 사람입니다. 그렇기 때문에 진실성 있는 사람은 중용의 상태에 있음으로 칭찬받을 만하고, 두 가지 형태의 진실성 없는 사람들은 비난받을 만합니다. 특히 허풍을 떠는 사람은 더욱 많은 비난을 받아 마땅합니다. 왜냐하면 거짓은 그 자체로서 비열하고 비난할 만한 것이고, 진실은 고귀하고 칭찬할 만한 것이기 때문입니다.

이제 좀 더 자세히 진실성 있는 사람과 진실성 없는 사람에 대해 살펴봅시다.

먼저 진실성 있는 사람에 대해 생각해 봅시다. 여기서 말하는 진실성은 자신이 맺은 약속이나 계약을 얼마나 진실하게 지키느냐의 문제가 아니라, 자신과 아무 상관없는 일들에서도 얼마나 공정하게 행동하는가와 관계있는 것입니다. 자기의 운명에 아무런 영향을 주지 않는 경우에도 진실하게 행동하는 사람이라면, 다른 어떤 중대한 일이 생겼을 경우 더욱 진실하게 행동할 것이기 때문입니다. 그런 사람은 허위 그 자체를 싫어하므로, 자신의 운명이 좌우되는 중요한 순간에는 더욱더 그런 허위를 피할 것입니다. 그리고 그는 진실을 말할 때에도 약간 소극적으로 말하는 경향이 있는데, 이렇게 하는 것이 오히려 속이 깊어 보입니다.

별 뜻 없이 과장되게 보이려 하는 사람은 멸시를 받아 마땅하지만, 이런 사람은 악한 사람이기보다는 허튼 사람으로 보입니다. 그러나 어떤 목적이 있어서 큰소리친다면 사정이 달라집니다. 세상의 호평이나 명예 때문에 큰소리치는 사람은 그래도 좀 낫지만, 돈이나 돈으로 바꿀 수 있는 것들 때문에 큰소리치는 사람은 추악합니다. 이것은 마치 거짓말하는 것 자체를 좋아하기 때문에 거짓말하는 사람과 세상의 칭찬이나 이익 때문에 거짓말을 하는 사람을 구별하는 것과 비슷합니다.

세상의 칭찬 때문에 허풍을 떠는 사람들은 남한테서 칭찬이나 축하 인사를 받을 만한 여러 가지 성품을 가지고 자랑합니다. 이에 비해 이익을 얻으려는 사람들은, 다른 사람들의 존중을 받지만 사실 자신들은 그런 것들을 가지고 있지 않다는 것이 쉽게 드러나지 않는 여러 가지 성품을 자랑합니다. 바로 이 때문에 대부분의 사람들이 이런 능력을 가진 듯이 큰소리치며 자랑하는 것입니다.

겸손한 척하는 사람들, 즉 모든 일을 사실보다 낮추어 말하는 사람들은 성격상 더 매력 있어 보입니다. 그들은 이익을 위해 그렇게 하는 것이 아니라, 자랑하지 않기 위해 그렇게 하는 것으로 여겨지기 때문입니다.

별것도 아닌 일이나 뻔한 일을 못마땅하게 말하는 사람들은 비난을 받는데, 이런 사람들은 가끔 허풍선이로 보일 때도 있습니다. 지나치거나 크게 모자라는 것은 모두 허풍을 떠는 것입니다. 그러나 정당하게 자기를 낮추는 사람은 멋있는 사람입니다. 진실성 있는 사람과 대립되는 사람은 허풍선이입니다. 왜냐하면 허풍선이가 더 나쁘기 때문입니다.

우리 삶은 일과 휴식으로 이루어집니다. 사람들은 휴식 중에 사람들과 사귀면서 위안을 얻기도 합니다. 그렇게 사람을 사귀면서 말을 하거나 남의 말에 귀를 기울일 때는 마땅히 말할 것과 귀를 기울여야 할 것이 있으며, 또 마땅한 태도가 있습니다. 이것은 우리가 어떤 사람에게 말하고 있는가, 어떤 사람의 말에 귀를 기울이고 있는가에 따라 차이가 있습니다. 따라서 여기에도 당연히 중용, 지나침, 모자람이 있습니다.

지나치게 익살을 부리는 사람은 속없는 익살 광대로 보입니다. 이들은 무턱대고 익살을 부려 사람들을 웃기려고만 하며, 무엇이 그 자리에 적합한지, 또는 웃음거리가 되고 있는 사람에게 고통을 주지는 않는지에 대해 조금도 상관하지 않습니다.

이와는 반대로 농담을 할 줄도 모르고, 남의 농담을 참고 들어줄 줄도 모르는 사람은 무뚝뚝한 사람이라고 할 수 있습니다. 그러나 멋들어진 농담을 할 줄 아는 사람은 재치 있는 사람이라 불립니다. 이것은 임기응변의 재주를 의미합니다. 그런데 대부분의 사람들이 재미있는 일과 농담을 적당한 정도 이상으로 즐기는 까닭에 익살꾼이 재치 있는 사람이라고 불리기도 합니다. 왜냐하면 익살꾼도 재미는 있는 사람이기 때문입니다. 그러나 이것은 옳지 않습니다.

이 중간 상태에는 의젓함이 있습니다. 의젓한 사람, 또는 점잖은 사람은 좋은 교육을 받고 자란 사람답게 말하며, 그런 것에 귀를 기울입니다. 점잖은 사람의 농담은 그렇지 못한 사람의 농담과 다르며, 교육받은 사람의 농담은 교육받지 못한 사람의 농담과 다릅니다. 그가 하는 농담은 천박하지 않고, 은근히 비치는 풍자와 같습니다. 그가 귀를 기울이는 농담도 역시 그가 말하는 농담과 같은 종류입니다. 그러나 그는 야유와 같은 농담은 절대로 하지 않습니다. 야유는 일종의 우롱이기 때문입니다. 따라서 의젓한 사람이라 부르건, 재치 있는 사람이라 부르건 이러한 사람이 바로 중용을 지키는 사람입니다.

반면에 익살꾼은 자기 해학의 노예입니다. 그런 이들은 남을 웃길 수만 있다면 자신이나 남을 신경 쓰지 않습니다. 심지어는 교양 있는 사람이라면 절대로 입에 올리거나 귀 기울이지 않을 말까지도 합니다. 무뚝뚝한 사람은 사교에서 아무 쓸 데가 없습니다. 그들은 사교에 기여하는 바도 전혀 없이 모든 일을 언짢게 여기기 때문입니다. 휴식과 오락은 삶에서 꼭 필요한 것이므로 무뚝뚝한 사람은 자기변화를 위한 각별한 노력을 해야 합니다. 이상에서 말한 것처럼 삶에서 사람들과 사귈 때 필요한 것은 중용의 덕입니다.

슬픔을 함께 나누는 친구보다
기쁨을 함께 나누는 친구가 더 낫다

직장인이 아리스토텔레스에게 물었다.

100세 시대를 맞이하여 은퇴 이후 행복한 삶의 조건으로 서로 마음이 통하는 친구를 꼽습니다. '진정한 친구를 사귀는 기준'에 대해서 알고 싶습니다.

아리스토텔레스가 말하였다.

우정은 덕은 아니지만 덕을 포함하고 있고, 또 우리가 살아가는 데 가장 필요한 것 가운데 하나입니다. 사실 친구가 없다면 다른 모든 좋은 것들을 가졌다 하더라도 허전할 것입니다. 부유한 사람이나 높은 지위에 있는 사람이나, 또 나라를 다스리는 사람에게도 무엇보다 친구가 있어야 합니다. 사실 재물이나 지위도 남에게 덕을 베풀 기회가 없다면 아무 소용이 없을 것입니다. 훌륭한 덕을 친구나 이웃들에게 베풀 때 가장 좋고, 또 가장 칭찬받을 만하지 않을까요?

또 친구나 이웃이 없다면 자신이 얻은 재물이나 지위가 어떻게 잘 보호되고 유지될 수 있을까요? 재물이나 지위는 많으면 많을수록 더 위험한 것입니다. 사람들은 가난할 때나 여러 가지 나쁜 일을 당할 때, 유일한 피난처로서 친구를 생각합니다.

친구는 젊었을 때는 잘못을 저지르지 않도록 도와주고, 나이가 들었을 때는 여러 가지 주변의 일을 보살펴주며, 힘이 약해 할 수 없는 일이 있을 때는 대신해 줍니다. 또한 한창 일할 나이에는 온갖 고귀한 일을 하도록 격려해 줍니다. '동고동락'이란 말처럼, 친구들과 함께 하면 사람들은 더 잘 생각하고 더 잘 행동할 수 있게 됩니다.

뿐만 아니라 부모는 자식에 대하여, 자식은 부모에 대하여 본성적으로 이런 친밀한 감정을 느끼는데, 이것은 인간에게서만이 아니라 동물에게서도 볼 수 있는 현상입니다. 그것은 같은 종족 구성원 사이에서 느끼는 감정으로, 특히 인간에게서 두드러지게 나타납니다. 그래서 우리는 동포인 인류를 사랑하는 사람을 찬양합니다.

우애는 또한 국민들을 단합시키기 때문에 법을 만드는 사람들은 정의보다 이것에 더 마음을 씁니다. 왜냐하면 단합은 우애와 비슷한 것으로 보이며, 입법자들은 이것을 가장 소중한 목표로 삼기 때문입니다. 그리고 서로 친한 사람들 사이에는 정의가 새삼 필요하지 않기 때문에 정의의 가장 참된 형태는 우애의 성질을 지닌다고 할 수 있습니다. 우애는 꼭 필요한 것일 뿐만 아니라 고귀한 것입니다. 그래서 자기 친구들을 사랑하는 사람은 칭찬을 받으며, 친구가 많을수록 좋다고 생각합니다. 또한 좋은 사람이라고 하면 동시에 우애 있는 친구라고 생각합니다.

그런데 우애에 관해서는 다양한 생각이 있습니다. 어떤 사람은 우애를 일종의 동류 의식同類意識이라고 정의하며, 비슷한 사람끼리 친구가 된다고 말합니다. 이런 데서 '비슷한 것끼리 모인다'는 말이 생긴 것입니다.

이와 반대로 '같은 일에 종사하는 사람들끼리 의견이 맞는 일은 절대로 없다'고 말하는 사람도 있습니다. 그래서 사람들은 좀 더 자연적인 원인을 찾아내어 '바싹 마른 대지는 비를 그리워하고, 장엄한 하늘에 가득 찬 비는 대지에 내리고 싶어 한다'라거나, 또는 '서로 대립하는 것들이 서로 도움을 주는 법이다', '서로 다른 음이 어울려서 가장 아름다운 음악이 나온다', '만물은 투쟁을 통해서 변화 한다'라고 말합니다.

자연과 관련되는 문제들은 여기서 다룰 것이 못 되니, 여기서는 인간적인 성품과 관련된 문제들만 다루도록 하겠습니다. 예를 들면 우애는 어떤 사람들 사이에서 생기는 것인지, 또한 악한 사람들은 서로 친구가 될 수 없는지, 우애에는 오직 한 종류만 있는지 아니면 여러 종류가 있는지 등에 관한 문제를 살펴보겠습니다.

우애의 종류는 사랑하는 대상을 살펴보면 알 수 있는데, 모든 대상이 사랑을 받는 것이 아니고 오직 '사랑할 만한 것'만이 사랑을 받습니다. 사랑할 만한 것은 좋은 것, 즐거운 것, 또는 쓸모가 있는 것입니다. 그런데 쓸모가 있는 것은 '그것으로 말미암아 어떤 선이나 쾌락이 생기는 것'이라 여겨지므로, 그 자체로 사랑할 만한 것은 선과 쾌락입니다.

그러면 사람들이 사랑하는 것은 '일반적인 선'인가, 아니면 '자신을 위한 선'인가? 이 둘은 가끔 충돌하기도 합니다. 사람들은 일반적으로 선은 무조건적으로 사랑할 만한 것이고, 자신을 위한 선은 각자에게만 사랑할 만한 것이라고 생각합니다. 그러나 사실 사람들은 자기에게 좋은 것이 아니라, 자기에게 좋아 보이는 것을 사랑하는데, 이것은 결국 마찬가지입니다. '사랑할 만한 것'은 곧 '사랑할 만한 것으로 보이는 것'이기 때문입니다.

사람들의 사랑에는 세 가지 근거가 있습니다. 무생물에 대한 사랑에는 우애라는 말을 쓰지 않습니다. 그것은 서로 사랑하는 것이 아니고, 또 그 무생물에게 선이 있기를 바라지도 않기 때문입니다. 그러나 우리가 친구에게 어떤 것을 원할 때는 그것이 친구 자신을 위한 것이어야 합니다. 그런데 이렇게 나는 선을 원하는데 상대방이 응답하지 않는 경우는 우애가 아니며, 그냥 상대방에게 선의를 가지고 있는 것일 뿐입니다. 우애란 서로 선의를 주고받을 때 생겨납니다.

여기에 우리는 '그것이 인식되어야 한다'는 것을 보태야 합니다. 사실 많은 사람이 '한 번도 보지 못했지만, 좋은 사람이고 쓸모 있는 사람이라고 판단되는 사람'에게 선의를 갖게 되는 경우가 있기 때문입니다. 그러나 그들이 서로의 감정을 알지 못한다면, 어떻게 그들을 친구라 부를 수 있겠습니까?

그러므로 친구가 되기 위해서는 앞에서 말한 이유들 가운데 어느 하나 때문에 선의를 품고 있고, 서로 상대방과 선을 주고받기를 원해야 한다는 사실을 알아야 합니다.

선의를 갖는 이유에도 여러 가지가 있는데, 이에 대응하는 애정이나 우애도 그 종류가 서로 다릅니다. 우애에는 '사랑할 만한 것'과 같이 세 종류가 있습니다.

우선 상대방의 쓸모 있음 때문에 사랑하는 사람들은 상대방을 위해서가 아니라, 상대방에게 얻을 어떤 좋은 것 때문에 사랑하는 것입니다. 쾌락 때문에 사랑하는 이들도 이와 같습니다. 예를 들어 유머 있는 사람을 좋아하는 것은 그의 성품 때문이라기보다는 그와 함께 있으면 유쾌하기 때문입니다.

그러므로 쓸모 있음이나 쾌락 때문에 상대방을 사랑하는 사람들은 자신에게 좋기 때문에 사랑하는 것입니다. 즉 그들은 상대방의 성품을 사랑하는 것이 아니라, 그가 쓸모 있거나 유쾌하기 때문에 사랑합니다. 따라서 이런 경우에 우애는 다만 부수적일 뿐입니다. 이러한 우애는 상대방이 전과 달라지면 쉽게 없어집니다. 쓸모 있음과 유쾌함은 영원한 것이 아니라 늘 변하기 마련입니다. 그러므로 이런 우애는 그 동기가 사라지면 곧 없어집니다. 주인과 손님의 우애가 이런 종류의 우애입니다.

한편 젊은 사람들의 우애는 쾌락을 목표로 합니다. 왜냐하면 그들은 감정에 따라 살며 다른 무엇보다도 자신에게 쾌락을 주는 것, 그것도 바로 눈앞에 있는 것을 추구하기 때문입니다. 그래서 그들은 친구가 되는 것도 빠르고 헤어지는 것도 빠릅니다. 그들의 우애는 즐겁게 여기는 것이 변하면 바뀌는데 급히 바뀌기도 합니다.

젊은이들은 성적 욕구가 강합니다. 그런데 성적인 애정에 기초한 우애는 대부분 정념을 따르며 또 쾌락을 목적으로 합니다. 그리하여 그들은 사랑하다가도 금방 사랑하지 않기도 하며 심한 경우에는 하루에도 여러 차례 변합니다.

완전한 우애는 덕에 있어 서로 닮은 선한 사람들 사이의 우애입니다. 그들은 상대방이 선한 사람인 경우에만 서로 좋은 것을 원하며, 그들 자신 또한 선한 사람입니다. 자기 친구를 위해서 좋은 것을 바라는 사람들이야말로 가장 참된 의미의 친구라 할 수 있습니다. 이런 사람들은 그들 본성 때문에 그렇게 하는 것이지 다른 목적이 있어서가 아닙니다. 그러므로 그들의 우애는 그들이 선한 동안 유지됩니다. 그리고 선은 오래 지속되는 성질을 지니고 있습니다. 그들은 각자가 무조건 그 친구에게 선합니다. 따라서 그들은 또한 즐겁기도 합니다. 그러므로 이러한 우애는 오래 지속할 수 있습니다.

사실 모든 우애는 선이나 쾌락을 위해서 있는 것이며, 어떤 동류의식에 기반하고 있습니다. 그러나 이러한 우애가 흔하지 않은 것은 당연합니다. 그런 사람이 드물기 때문입니다. 더군다나 그러한 우애는 시간과 친숙함을 필요로 합니다. 속담에 있는 말처럼 '소금을 함께 먹은' 뒤가 아니고서는 서로 상대방을 알 수 없습니다.

또 서로 사랑할 만하다고 생각하고 서로에게 신뢰를 얻기 전까지는, 친구가 될 수도 없고 우애가 생길 수도 없습니다. 우애의 정을 급하게 나타내는 사람은 빨리 친구가 되기를 원합니다. 하지만 둘 다 사랑할 만하다고 생각하고, 또 이 사실을 두 사람이 모두 알고 있지 않는 한, 그들은 친구가 아닙니다. 우애를 바라는 마음은 금방 생기지만, 우애는 금방 생기는 것이 아니기 때문입니다.

그러므로 선한 사람들끼리 나누는 우애는 지속적이라는 점에서나 그 밖의 다른 모든 점에서 완전한 것입니다. 이런 우애에서는 각자가 상대방에게서 자기가 주는 것과 똑같거나 비슷한 것을 얻습니다. 쾌락을 위한 우애도 완전한 우애와 비슷한 점이 있습니다. 선한 사람들도 상대방에게 서로 즐거운 사람들이기 때문입니다. 또 쓸모 있음 때문에 생긴 우애도 그렇습니다. 선한 사람들은 서로 상대방에게 쓸모가 있기 때문입니다. 하지만 쾌락이나 쓸모 있음 때문에 맺은 우애는 진실성도 적고 지속성도 적습니다. 쾌락이나 쓸모 있음 때문에 친구가 된 사람들은 그것이 다하면 서로 헤어집니다. 또한 쾌락이나 쓸모 있음을 위해서라면 나쁜 사람끼리도 친구가 될 수 있고, 또 좋지도 나쁘지도 않은 사람이라면 어떤 사람과도 친구가 될 수 있습니다.

그러나 인간 자신을 위해 서로 친구가 될 수 있는 사람은 오직 선한 사람들뿐입니다. 왜냐하면 나쁜 사람들은 서로 사귀어서 이익이 없으면 상대방에게서 기쁨을 느끼지 않기 때문입니다.

근거 없이 남이 헐뜯는 말에 흔들리지 않는 것도 오직 선한 사람들만의 우애입니다. 오래 사귀고 잘 아는 사람에 대해서는 누가 무슨 말을 해도 쉽게 믿지 않기 때문입니다. 그리고 선한 사람들만이 이러한 신뢰와 '그 사람은 절대 나를 해칠 리 없다'는 믿음, 그리고 이 밖에 참된 우애에 필요한 모든 것을 지니고 있습니다.

나쁜 사람들은 쾌락이나 쓸모 있음 때문에 친구가 되지만, 선한 사람들은 그들 자신 때문에, 즉 그들이 선한 사람인 까닭에 서로 친구가 됩니다. 그러므로 선한 사람들은 무조건적인 의미에서 친구가 되지만, 나쁜 사람들은 단지 다른 목적에 부속되어 선한 사람과 비슷하게 보여서 친구가 됩니다.

사람이 행복하려면 꼭 친구가 필요할까에 대해 생각해 봅시다. 사람들은 흔히 행복하고 스스로 만족하는 사람에게는 친구가 필요 없다고 말합니다. 그런 사람은 좋은 것들을 이미 많이 가지고 있기 때문에 더 이상 필요한 것이 없다고 생각합니다.

그런데 행복한 사람에게는 좋은 것이 모두 있다고 하면서, 겉으로 보이는 선들 가운데 최고의 것인 친구가 필요 없다는 것은 이상합니다. 그리고 남에게 받는 것보다는 남에게 베풀기를 잘하는 것이 친구의 특징이고, 선을 베푸는 것이 착한 사람의 특징이며, 또 낯선 사람보다는 친구에게 잘해 주는 것이 더욱 아름다운 것이라고 할 때, 착한 사람에게는 자기가 잘해 줄 사람이 필요할 것입니다. 확실히 더없이 행복한 사람이 고독하다는 것은 말이 안 됩니다.

사실 인간은 사회적인 존재요, 그 본성이 남과 더불어 살도록 되어 있습니다. 그래서 행복한 사람도 다른 사람들과 더불어 사는 것입니다. 그리고 전혀 알지 못하는 사람이나 우연히 만난 사람과 함께 지내는 것보다는 친구나 착한 사람과 함께 지내는 것이 훨씬 더 좋습니다. 따라서 행복한 사람에게도 당연히 친구가 있어야 합니다.

그러면 친구가 많을수록 좋은가, 아니면 손님을 초대했을 때 '손님이 너무 많은 것도 좋지 않고, 아주 없는 것도 좋지 않다'는 속담처럼 친구가 너무 많거나 적은 것은 좋지 않은 것일까요?

친구의 경우에는 함께 교제할 수 있는 최대한의 수가 이상적일 것입니다. 우리는 많은 사람과 함께 살 수 없고, 나 자신을 많은 사람에게 쪼개어 줄 수도 없습니다. 또 많은 사람과 더불어 진심으로 기뻐하고 슬퍼하면서 친하게 지내기도 어렵습니다. 예를 들면 한 친구와 기뻐한 뒤 금방 다른 친구하고는 슬퍼해야 하는 경우가 생길 수도 있습니다. 그러므로 많은 친구를 사귀려 하기보다는 함께 지내기에 알맞은 만큼의 친구를 사귀는 것이 좋습니다.

많은 사람에게 좋은 친구가 되기는 쉽지 않습니다. 깊은 우정은 오직 몇몇 사람에게서만 느낄 수 있습니다. 친구가 많고 그들 전부와 친하게 어울리는 사람은 누구의 친구도 아니라고 여겨집니다. 덕에 기초한 진정한 우애를 많은 사람과 더불어 나눌 수는 없기 때문입니다.

그렇다면 친구가 더욱 필요할 때는 언제일까요? 삶이 편안할 때인가, 아니면 어려움을 만났을 때일까. 우리는 물론 언제나 친구를 원합니다. 즉 어려움에 처했을 때는 도움이 필요하고, 삶이 편안할 때는 함께 지내며 은혜를 베풀어 줄 대상이 필요합니다.

사람들은 대부분 어려움에 처했을 때 친구를 더욱 필요로 합니다. 이런 경우에 우리는 자신에게 필요한 친구를 원합니다. 하지만 평소에는 오히려 마음이 고귀한 친구를 원하며, 또 선한 사람을 친구로 사귀려고 합니다.

사실 평소든 어려움에 처했을 때든 친구가 곁에 있다는 것은 기쁜 일입니다. 어려운 일이 있을 때 친구는 슬픔의 방패막이가 되어줍니다. 한편 평소에는 친구들이 곁에 있으면 즐거운 나날을 보낼 수 있고, 우리의 행복을 그들이 함께 기뻐해 준다는 즐거운 생각을 갖게 됩니다. 그래서 우리가 행운을 만나면 그 기쁨을 나누기 위해 친구들을 부르는 것입니다.

하지만 어려운 일을 당했을 때는 친구 부르기를 망설이기도 합니다. 내 불행을 친구와 나누지 않기 위해서입니다. 친구가 많이 불편하지 않고도 내게 큰 도움을 줄 수 있을 거라 생각될 때 친구를 부릅니다. 이와 반대로 어려움에 빠진 친구를 도와줄 때는 부르러 오지 않아도 될 수 있는 대로 빨리 가서

도와주는 것이 마땅합니다. 친구가 친절을 베풀려 할 때에는 천천히 가야 합니다. 은혜를 받는 데 신경을 쓰는 것은 고귀한 일이 못 되기 때문입니다. 그렇지만 친구가 베푸는 호의를 거절함으로써 그의 기쁨을 빼앗는 것도 피해야 합니다.

친구가 있다는 것은 어느 경우에나 바람직합니다. 사람들은 어떤 삶을 살든, 어떤 생활을 높이 평가하든 서로 자신과 뜻이 맞는 사람들끼리 같이 생활하고 싶어 합니다. 그래서 어떤 사람들은 함께 먹고 마시고, 어떤 사람들은 함께 바둑을 두며, 또 어떤 사람들은 운동이나 등산을 같이 하고, 또는 철학을 함께 공부합니다. 이와 같이 각 부류마다 인생에서 자기들이 제일 좋아하는 것을 함께 하면서 살아갑니다.

하지만 좋지 못한 사람들의 우애는 결국 좋지 못한 것이 됩니다. 그들은 마음이 들떠 있어서, 나쁜 짓을 할 때 쉽게 마음이 맞아서 서로 상대방을 닮아가게 되어 함께 악해지기 때문입니다. 반대로 선한 사람들의 우애는 좋은 것이고, 그들이 서로 사귐으로써 이 선은 더욱 커집니다. 그들은 상대방을 더 나은 사람이 되게 함으로써 더욱 훌륭한 사람이 된다고 생각합니다. 그들은 서로 상대방의 좋은 점을 본받기 때문입니다. 그래서 '좋은 사람에게서 좋은 일'이라는 속담이 생긴 것입니다.

오락을 위해 일하고 고생을 참는다는 것은 어리석다

직장인이 아리스토텔레스에게 물었다.

직장인에게 일도 중요하지만 여가생활 또한 대단히 중요하다고 생각합니다. 여가생활을 어떻게 하는 것이 행복을 증진할까요?

아리스토텔레스가 말하였다.

지금까지 이야기한 바와 같이, 소중하기도 하고 즐겁기도 한 것이야말로 정말 중요한 것입니다. 그리고 누구에게나 자신의 상태에 어울리는 활동이 가장 바람직합니다. 따라서 선한 사람에게는 덕에 맞는 활동이 가장 좋습니다. 이런 까닭에 행복은 오락 속에 들어 있는 것이 아닙니다. 오락을 위해 일하고 고생을 참는다는 것은 어리석고 철부지 같은 짓으로 보입니다. 오히려 일하기 위해서 오락을 하는 것이 더 옳습니다.

오락은 일종의 휴식입니다. 우리는 계속 일을 할 수 없기 때문에 휴식을 필요로 합니다. 그러므로 휴식은 하나의 목적이 아니라 활동을 위해 필요한 것일 뿐입니다. 따라서 행복한 생활은 덕이 있는 활동이고, 이것은 노력을 필요로 합니다.

이와 같이 행복이 덕을 따르는 활동이라면, 당연히 그것은 최고의 덕을 따르는 것이어야 합니다. 최고의 덕은 우리들 속에 있는 가장 좋은 것과 관련되는 덕입니다. 그런데 우리의 본성을 지배하고 이끌며, 우리로 하여금 아름답고 신적인 것들을 추구하게 하는 부분은 이성입니다. 그러므로 고귀한 덕을 따르는 이성의 활동이 완전한 행복인 것입니다.

고귀한 덕을 따르는 이성의 활동은 관조적인 것입니다. 첫째로 이 활동이 최선의 활동이기 때문입니다. 이성은 우리 속에서 최선의 것이며, 또한 이성의 대상은 인식할 수 있는 대상 가운데 최선의 것입니다. 둘째로는 이 활동이 가장 연속적이기 때문입니다. 우리는 다른 무엇을 하는 것보다도 진리를 관조하는 일을 가장 연속적으로 할 수 있습니다.

행복에는 즐거움이 포함되어 있는데, 덕에 따른 활동 가운데 철학적 지혜의 활동이 가장 즐거운 것입니다. 지혜를 사랑하는 것, 즉 철학은 그 순수성과 신뢰성에서 가장 큰 즐거움을 제공합니다. 그리고 진리를 알고 있는 사람들이 진리를 탐구하는 사람들보다 더 즐겁게 지내는 것은 당연합니다. 또 스스로의 만족감이 가장 큰 것도 관조의 활동입니다. 철학자도 의로운 사람이나 그 밖에 다른 어떤 덕을 가진 사람과 마찬가지로 생활을 위해 여러 가지가 필요합니다. 그런데 이런 것이 충분할 경우에도 의로운 사람은 자신의 의로움을 베풀 상대방을 필요로 하고, 또 절제하는 사람이나 용감한 사람도 그것을 발휘할 대상을 필요로 하는 데 비해, 철학자는 자기 혼자 있을 때도 진리를 관조할 수 있습니다.

철학자는 지혜가 많을수록 더욱 잘 관조할 수 있습니다. 물론 그와 함께 철학하는 친구가 있다면 관조를 더욱 잘할 수도 있겠지만, 친구가 없어도 그는 스스로 가장 만족할 수 있습니다. 그래서 관조의 활동만이 그 자체로 사랑받는 것입니다.

행복은 한가함 속에도 있습니다. 우리가 바쁘게 일하는 것은 한가함을 얻기 위해서입니다. 마치 평화롭게 살기 위해서 전쟁을 하는 것처럼 말입니다. 그런데 생활 속에서 덕과 관련되는 여러 가지 활동은 정치나 군사적인 행동에서 알 수 있듯이 한가함과는 거리가 먼 경우가 많습니다. 전쟁을 하는 경우 한가함이란 상상할 수도 없습니다. 더구나 용기를 덕으로 삼아 싸운다 해도 살인을 피할 수는 없는 일입니다. 그러므로 덕이 있는 행동들 가운데서 아무리 정치적 행동이나 군사적 행동이 고귀하고 그 규모가 뛰어난 것이라 해도, 그것들은 그 자체 때문에 바람직한 것이 아니고 한가함과도 거리가 멉니다.

반면에 이성의 활동은 관조하는 것으로서, 그 진지함에 뛰어난 가치가 있습니다. 또한 행복한 사람에게 속한 모든 성질과 연관되어 있습니다. 즉 이성의 활동은 그 자신 이외에는 다른 목적을 갖고 있지 않으며, 그 자신에게 고유한 즐거움, 스스로 만족함, 한가함, 진지함과 같은 성질을 갖고 있습니다. 따라서 이러한 활동이야말로 인간의 가장 궁극적인 행복이라 할 수 있습니다. 물론 이러한 활동은 모든 생애에 걸쳐 이루어져야 합니다.

하지만 이러한 생활은 인간이 도달하기에는 너무 높은 것으로 보입니다. 사람이 이런 생활을 할 수 있는 것은 인간이라는 한계를 벗어나 인간 속에 잠재된 신적인 그 무엇이 있기 때문입니다. 그러므로 이성이 인간적인 것이 아니라 신적인 것이라고 하면, 이성을 따르는 생활은 인간적인 생활이 아니라 신적인 생활이라 할 수 있습니다.

우리는 '결국 인간이니 인간적인 일을, 또 죽어 없어질 따름이니 죽어 없어질 것들을 생각하라'는 충고를 따를 것이 아니라, 오히려 할 수 있는 데까지 자신을 영원한 존재가 되게 하고 우리 안에 있는 최선의 것을 따라 살도록 모든 노력을 기울여야 합니다. 이 최선의 것은 부피는 작지만 그 능력과 가치는 모든 것을 넘어 선다고 할 수 있습니다. 또 이런 최선의 것이야말로 그 사람 자신이라고 부를 수 있습니다. 그것이 그 사람의 가장 좋은 부분이며, 그 사람을 이끌고 지배하기 때문입니다.

어떤 것이든지 그것에 고유한 것이 본성상 가장 좋고 즐거운 것입니다. 그러므로 사람에게는 '이성'을 따르는 생활이 가장 좋고 가장 즐거운 것입니다. 이성이 다른 무엇보다도 인간을 인간답게 만들기 때문입니다. 그러므로 이러한 생활이 또한 가장 행복한 생활입니다.

네 번째 이야기

맹자가
정치인을 만났다

맹자

●

BC 372년 ~ BC 289년, 공자의 사상을 이어 발전시킨 유학자

99억 가진 사람이
1억을 탐낸다

정치인이 말하였다.

선생님처럼 훌륭한 분이 우리나라에 오셨으니 앞으로 대한민국은 대박이 나겠습니다.

맹자가 말하였다.

당신은 하필이면 대박을 말하십니까? 정치지도자들은 마음속에 항상 '정의와 평화'를 간직하고 있어야 하며, 은연중에 툭 튀어나오는 말씀도 또한 정의와 평화여야 합니다.

왜냐하면 정치인들이 '어떻게 하면 우리나라에 대박이 날까?' 생각하면 장관들과 관료들은 '어떻게 하면 우리 집안이 대박 날까?' 하고, 국민들은 '어떻게 하면 내 자신이 대박 날까?' 하고 생각할 것입니다.

이렇듯 윗사람과 아랫사람이 서로 각자의 이익만을 추구한다면 국가는 위태로워질 것입니다. 이것이 마음의 이치입니다. 마음자리가 이익으로 기울어지면 서로들 빼앗지 않고는 만족하지 않을 것입니다. 99억을 가진 사람은 결코 적게 가진 것이 아닌데도 1억을 가진 사람을 보면 그것을 빼앗아 100억을 채우려는 욕구가 일어나는 법입니다.

반대로 마음자리가 모두를 유익하게 하는 정의와 평화에 머물러 있으면 나를 욕되게 하지 않으며 가정을 팽개치거나 국가를 우습게 여기는 일은 없을 것입니다. 그러니 정치인은 오직 정의와 평화만을 말해야 국민 모두의 탁월성을 살려 진정한 의미의 대박을 이룰 수 있는 것입니다.

150미터에서 포기한 선수가
100미터에서 포기한 선수를 비웃는다

정치인이 맹자와 이야기했다.

정치인: 저는 마음을 온통 우리나라에 쏟고 있습니다. 취약계층을 위해서는 복지지원금을 확대하고 일자리 기회도 늘려 나가고 있습니다. 청소년들에게는 꿈과 희망을 심어주기 위해서 진로교육과 인성교육을 강화하고 있습니다. 그 밖에도 청년 일자리 창출, 장기적인 경기침체에 따른 창조경제 기반 마련, 고령화 시대를 대비한 사회시스템 정비, 국가안보를 위한 외교활동 등 국가와 국민을 위하여 열심히 뛰고 있습니다. 그런데 제 노력에 비하여 성과는 미미한 수준인데 무엇이 문제입니까?

맹자: 당신은 경쟁을 좋아하시니 경쟁에 비유해도 되겠습니까? 올림픽 육상경기에서 1,000미터 경주를 하는데 어느 선수는 100미터에서 포기하고, 또 다른 선수는 150미터에서 포기를 했습니다. 이때 150미터에서 포기한 선수가 100미터에서 포기한 선수를 비웃는다면 어떨까요?

정치인: 그것은 옳지 않습니다. 단지 150미터가 아닐 뿐이지 이 역시 포기한 것은 마찬가지입니다.

맹자: 당신이 이것을 안다면 국가와 국민을 위한 노력이 성과 없음을 탓하지 말아야 합니다. 사람은 누구나 자기의 능력을 제대로 발휘해서 풍요롭게 살고 싶어 합니다.

그렇게 하자면 적절한 시기를 놓치게 해서는 안 됩니다. 십대에는 십대에 맞는 탁월성을 기르고, 이십대는 이십대에 맞는 탁월성을 발휘해야 합니다. 맹목적인 경쟁은 욕심을 앞세우게 되어 에너지를 소진하고 맙니다. 국민 모두가 때를 놓쳐 에너지를 낭비한다면 가정과 국가는 피폐하게 됩니다. 정치는 국민 개개인들이 탁월성을 발휘하도록 때를 조절하는 역할을 잘 해야 합니다.

정치인: 국민 모두가 때를 놓쳐 에너지를 낭비하고 있다는 것은 무엇을 두고 하는 말입니까?

맹자: 사람은 외부환경이 열악해지면 마음에 불안을 느낍니다. 마음이 불안해지면 때에 맞는 자기 역할을 집중적으로 수행하기가 어려워집니다. 마음이 조급해질수록 때를 제대로 인식하지 못하게 됩니다. 때를 놓치게 되면 사람들은 과도한 욕심을 부리게 되고, 일이 마음대로 되지 않으면 그 탓을 외부로 돌리게 됩니다.

부모는 자녀를 탓하고 자녀는 부모를 탓합니다. 교사는 학생을 탓하고 학생은 교사를 탓합니다. 경영자는 직원을 탓하고 직원은 경영자를 탓합니다. 국민은 정치인을 탓하고 정치인은 국민을 탓합니다. 서로가 서로를 탓하는 것은 마치 흉기로 사람을 찔러 죽이고서는 '내가 그런 것이 아니라 칼이 죽인 것이다'라고 말하는 것과 같습니다.

바른 정치는 서로가 서로를 탓하는 근본적인 이유를 밝혀 국민들이 때를 놓치지 않도록 하는 것입니다. 그럴 수만 있다면 일은 조금만 해도 그 성과는 하늘을 찌를 것입니다.

큰 정치는
마음으로 다스린다

정치인이 맹자와 이야기했다.

맹자: 당신께서 크게 바라는 바를 들어볼 수 있겠습니까?

정치인은 웃으면서 아무 말도 하지 않는다.

맹자: 맛있는 음식이 입에 부족하십니까? 가볍고 따뜻한 옷이 몸에 부족하십니까? 아니면 아름다운 음악이 귀로 듣기에 부족하십니까? 총애하는 사람들을 앞에 놓고 부리기에 부족하십니까? 여러 사람이 이 모든 것을 넉넉히 해드릴 것으로 알고 있습니다. 그렇다면 당신께서 진정으로 바라는 것은 무엇일까요?

정치인은 '아닙니다. 그런 것들 때문이 아닙니다'라고 말을 잇지 못한다.

맹자: 그렇다면 당신이 크게 바라는 바를 알 수 있겠습니다. 집권정당의 세력을 키워 정권의 주도권을 잡고 나아가서는 주변 국가들이 꼼짝하지 못하도록 막강한 국력을 키우는 것을 바라는 거겠지요. 하지만 이와 같이 물리적인 힘을 키워 바라는 바를 추구하는 것은 나무에 올라가서 물고기를 구하는 것과 같습니다.

정치인: 제 꿈이 그토록 허무맹랑합니까?

맹자: 나무에 올라가서 물고기를 구하는 것은 비록 물고기를 얻지 못하더라도 후환은 없지요. 그러나 이와 같은 방법으로 크게 바라는 바를 추구하는 것은 전심전력을 다해서 하여도 반드시 후환이 있을 것입니다.

정치인: 그 까닭을 들어 볼 수 있겠습니까?

맹자: 물리적인 힘을 키우려면 자기편을 만들어야 합니다. 자기편을 만들면 반드시 반대편이 발생합니다. 이렇게 편을 가르는 마음으로 일을 도모하면 일이 성사될 것처럼 보여도 결국은 소모적인 경쟁으로 인해 모두 패망의 길을 걷게 될 것입니다. 그러니 근본의 마음으로 돌아가야 합니다. 근본의 마음은 한마음입니다. 한마음으로 일을 도모하면 모두가 내편이 됩니다. 마음이 같아지면 이념이 다르고 종교가 달라도 힘을 하나로 모을 수 있습니다. 마음이 같아지면 빈과 부가 달라도 세대가 달라도 크게 문제가 되지 않습니다. 그래서 예로부터 큰 정치는 마음으로 다스리는 것이라 하였습니다.

인재등용은 마음자리를 살펴야 후환이 없다

정치인이 맹자에게 물었다.
인재등용에 있어서는 어떤 부분에 신중을 기해야 할까요?

맹자가 말하였다.
이른바 역사와 전통이라는 것은 물리적인 과거의 모습을 의미하는 것이 아닙니다. 오랫동안 변함없이 영향을 끼쳐온 고유의 정신을 계승하며 살고 있는 현재의 모습을 말합니다. 그런데 현대인들의 모습에서는 5천 년이 넘는 대한민국의 역사와 전통의 기운이 느껴지지 않습니다. 이것은 지도자들의 인재등용에 대한 기준에 문제가 있는 것입니다.

인재를 등용할 때는 힘 있는 사람들이 모두 그를 가리켜 '능력 있는 사람'이라고 해도 등용하지 말고, 측근들이 모두 그를 '똑똑한 사람'이라고 말해도 등용하지 말아야 합니다.

사람들이 모두 그를 '훌륭한 사람'이라고 평가한 사람이 있거든 그의 '마음자리'를 살펴보아서 그가 '지혜로운 사람'임을 알게 된 후에 등용해야 합니다. 마음자리가 밝고 맑은 사람은 역사와 전통의 가치를 알고 살릴 수 있는 사람입니다.

정치인이 골프를 치면 국민들은 무슨 생각을 할까?

정치인이 맹자와 이야기했다.

정치인: 저는 골프를 즐겨 치는데 정치인으로서 어떻습니까?

맹자: 진정으로 국민들과 함께 즐길 수 있다면 당신은 훌륭한 정치인이라 하겠습니다.

정치인: 그럼 전 국민과 함께 골프를 치라는 말입니까?

맹자: 혼자서 골프를 즐기는 것과 다른 사람들과 함께 더불어 골프를 즐기

는 즐거움을 비교해 보면 함께 즐긴다는 의미를 알 수 있을 것입니다.

정치인: 잘 모르겠습니다. 함께 즐긴다는 말은 무슨 뜻입니까?

맹자: 지금 당신이 골프를 즐기고 있는데 국민들이 그 모습을 보면서 모두 머리를 아파하고 인상을 쓰면서 서로 말하기를 '우리 정치인이 골프를 좋아하는구나. 어찌하여 세상살이가 이렇게 힘이 드는가. 교육 걱정, 취업 걱정, 결혼 걱정, 주택 걱정, 노후 걱정 걱정거리가 끝날 날이 없구나'라고 탄식한다면 함께 즐기는 것이 아닙니다.

당신이 골프를 치고 있는 것을 국민들이 지켜보고 모두 기쁜 듯이 환한 낯빛으로 서로 '우리 정치인이 아마 병환이 없이 건강하신가 보다. 그렇지 않고서야 어떻게 골프를 즐길 수 있겠는가'라고 말한다면 이것은 국민들과 함께 즐기는 것입니다. 이와 같이 정치인이 국민들과 함께 즐긴다면 천국이 따로 없을 것입니다.

정치인 싸움에
국민 등 돌린다

정치인이 다른 정치인을 비난하고 있었다.

맹자가 말하였다.
남의 치우친 행동不善을 말하다가 그 후환을 어찌 감당하려 하십니까?

손가락이 남과 다르면
왜 싫어할까?

여당과 야당 정치인들이 한 자리에 모여 대북정책에 관하여 갑론을박하고 있었다.

맹자가 말하였다.

지금 가운뎃손가락과 새끼손가락 사이에 있는 약지가 굽어서 펴지지 않는다고 하면, 그것이 아프거나 일에 방해가 되지 않더라도 사람들은 이를 펴 주는 자가 있으면 그곳이 유럽처럼 먼 곳이더라도 멀다 여기지 않고 찾아갈 것입니다. 그 이유는 손가락이 남들과 다른 것을 싫어해서입니다.

그런데 손가락이 남과 다른 것은 싫어할 줄 알면서도 마음이 남과 같지 않은 것은 싫어할 줄 모른다면, 이것은 '일의 경중을 모른다'고 해야 할 것입니다.

사람 마음은 똑같습니다. 누구나 싸움보다는 평화를 좋아합니다. 빈곤보다는 풍요를 희망합니다. 평화와 풍요는 마음자리가 기울지 않은 상태를 말합니다. 마음자리가 기울게 되면 싸움이 시작됩니다. 그리고 그 싸움은 결국 빈곤으로 끝이 납니다.

남쪽은 개체주의를 지향합니다. 개개인의 자유가 더 존중되는 구조입니다. 북쪽은 전체주의를 지향합니다. 개인보다는 국가 전체의 가치를 더 우선시합니다. 이것은 구조적으로 어느 한쪽으로 기울게 되어 있습니다. 본래 개체와 전체는 둘이 아닙니다. 지금 가장 중요하게 다루어야 하는 문제는 두 마음으로 갈라진 개체와 전체를 하나로 모으는 일입니다. 만약 개체와 전체의 일체사상으로 대한민국이 통일을 이룰 수만 있다면 지구촌에서 가장 부러워할 이상국가가 될 것입니다.

인성교육진흥법은 마음 씨앗 찾기가 핵심이다

정치인이 맹자에게 물었다.

세계최초로 '인성교육진흥법'이 대한민국에서 탄생하였습니다. 이를 두고 말들이 많습니다. 인성은 가정과 학교 그리고 사회에서 자연스럽게 형성되는 것인데, 법으로까지 강제성을 두는 것은 자유권의 침해 소지가 있다는 주장도 있습니다. 그럼에도 불구하고 사회 곳곳에서 불거져 나오는 불미스러운 사건과 사고의 이면에는 인성교육의 부재가 원인이라는 목소리가 더 우세합니다.

인성교육진흥법의 실효성에 대해 어떻게 생각하십니까?

맹자가 말하였다.

사람은 쾌적한 환경을 좋아해, 애써 배우지 않아도 잘 알고 그쪽으로 향하려 합니다. 또한 사람은 서로가 마음이 편해야 좋다는 것도 교육을 하지 않아도 이미 잘 알고 있습니다. 이는 타고난 본성입니다.

이 본성이 가치 있는 것임을 알고 소중하게 여긴다면 두세 살짜리 어린아이도 자기 부모를 사랑할 줄 알고, 자라면 사람을 공경할 줄 압니다. 부모를 부모답게 받드는 것은 마음자리의 편안함을 실천하는 것이며, 사회생활을 밝고 건강하게 하는 것은 환경을 쾌적하게 하는 일이나 다름이 없습니다.

이것은 바로 모든 사람이 좋아하는 공통의 도덕률이기 때문입니다. 따라서 인성교육은 마음의 씨앗을 소중하게 여기는 환경을 만들어주는 것이 핵심입니다.

마음에도 굶주리고
목마름으로 인한 해가 있다

정치인이 맹자에게 물었다.

부정부패의 악순환에서 벗어나는 방법이 있을까요?

맹자가 말하였다.

굶주린 자는 달게 먹고, 목마른 자는 달게 마십니다. 그렇지만 이는 음식의 진정한 맛을 느낀 것은 아니지요 굶주림과 목마름이 입맛을 해친 것입니다.

어찌 입과 배에만 굶주림과 목마름의 해害가 있겠습니까? 사람의 마음에도 굶주리고 목마름으로 인한 해가 있습니다. 사람이 성장환경에서 겪은 굶주림과 목마름의 해가 있음에도 불구하고 마음이 해를 받지 않는다면 부귀영화가 남보다 못하다 하더라도 근심하지 않을 것입니다.

난세일수록 근본으로 돌아가는 것이
가장 빠른 길이다

정치인이 물었다.

정치는 변화무쌍한 사회현상을 능동적으로 대처하는 능력이 중요하다고 생각하는데 선생님께서는 어떻게 생각하십니까?

맹자가 말하였다.

위급한 상황에서 생명을 구하는 것은 당연합니다. 그런데 지금처럼 총체적인 위기 상황에서 임기응변식 정책을 펴는 것은 무능하거나 책임회피일 가능성이 더 큽니다. 난세일수록 근본으로 돌아가는 것이 가장 빠른 길입니다. 기차는 철로 위에 있을 때 가장 안전하고 자유로운 것입니다.

나는 '사이비似而非'한 것을
싫어한다

정치인이 맹자와 이야기했다.

정치인: 지금 정치인들은 국민에게 신뢰를 받지 못하고 있습니다. 그 원인은 무엇이며 어떻게 해야 신뢰를 회복할 수 있을까요?
맹자: 공자께서 '내 문 앞을 지나면서도 내 집에 들어오지 않는 것을 내가 유감으로 생각하지 않는 자는 오직 척하는 사람일 뿐이다. 척하는 사람은

덕을 해치는 자이다'라고 하셨습니다. '척하는 사람은 어쩌자고 그리 뜻만 큰가? 말이 행실을 따르지 못하고, 행실이 말을 따르지 못하면서 입만 열었다 하면 국민을 위하여, 정의를 위하여!라고 하는구나. 또한 지혜로운 사람을 보면 하는 짓이 왜 그리 외롭고 차가운가! 이 세상에 태어났으니 이 세상과 어울려 살면 그만이다' 하면서 음흉하게 세상에 아부하는 자가 바로 척하는 사람이다'라고 하셨습니다.

정치인: 주위 사람들이 모두 그를 '점잖은 사람'이라고 부르면 어디를 가나 '점잖은 사람' 노릇을 할 것입니다. 그런데도 공자께서는 왜 그를 '덕을 해치는 자'라고 하십니까?

맹자: 척하는 사람은 겉과 속이 다르기 때문에 비난하려 해도 꼬집어 비난할 점이 없고, 공격하려 해도 꼬집어 공격할 점이 없습니다. 유행하는 풍속과 동조하고 더러운 세상과 영합하여 충성스럽고 믿음직스러운 것 같고, 청렴결백한 것 같아 여러 사람이 모두 그를 좋아하니 '스스로 옳다' 여기나 이치에 어긋나서 결국 모두에게 손실을 가져오게 됩니다. 그러므로 '덕을 해치는 자'라고 말한 것입니다.

공자께서 말하기를 '나는 사이비似而非한 것을 싫어한다. 강아지풀을 싫어하는 것은 벼 싹과 혼동될까 두려워서이다. 말 재주 있는 자를 싫어하는 것은 의義를 어지럽힐까 두려워서이다. 듣기 좋은 말을 잘하는 자를 싫어하는 것은 믿음을 어지럽힐까 두려워서이다. 자줏빛을 싫어하는 것은 주황빛과 혼동될까 두려워서이다. 척하는 사람을 싫어하는 것은 덕을 어지럽힐까 걱정해서다'라고 하셨습니다. 지혜로운 사람은 길을 환하게 밝혀서 모두가 쉽게 본래의 길을 갈 수 있도록 안내할 것입니다. 따라서 정치인은 척하는 것을 버리고 '길을 밝게 밝히는 지혜를 기르는 것'만이 신뢰를 얻는 유일한 길입니다.

잠을 잘 자야
일도 잘한다

정치인이 맹자와 이야기했다.

정치인: 본성이라는 것은 물길을 동쪽으로 터놓으면 동쪽으로 흐르고, 서쪽으로 터놓으면 서쪽으로 흐르는 여울물과 같다고 합니다. 즉 사람의 본성에 선善과 불선不善이 없는 것은 마치 물이 동서의 구분이 없는 것과 같다는 말인가요?

맹자: 물은 진실로 동서東西의 구분이 없습니다. 그러나 문제는 상하上下의 구분도 없다고 보십니까? 사람의 본성이 선하다는 것은 물이 아래로만 흘러가는 것과 같습니다. 만약 물을 튀겨서 억지로 튀어 오르게 하면 사람의 이마 높이를 넘어 올라갈 수도 있고, 물길을 막아서 거슬러 올라가게 하면 산 위에까지 도달할 수도 있을 것입니다.

하지만 어찌 이것이 물의 본성이겠습니까? 외부적인 힘이 억지로 그렇게 한 것이지요. 사람이 불선不善을 행하게 되는 것 역시 이처럼 본성이 외부적인 힘에 의해 영향을 받았기 때문인 것입니다.

정치인: 요즘 뉴스를 보셨습니까? 자식이 부모를 죽이는 것도 모자라 이제는 부모가 자식을 죽이는 사태까지 벌어지고 있습니다. 선생님 말씀대로 사람의 본성이 선하다면 어찌 이런 일들이 버젓이 벌어지겠습니까?

맹자: 뒷동산의 나무들이 원래는 아름다웠습니다. 하지만 동네 한복판에 있기 때문에 많은 사람이 오르락내리락 하게 되면서 아름답게 될 수가 없었습니다. 밤낮으로 자라고 비와 이슬이 적셔주어 싹이 나오는 것이 없지

않았건만 사람들이 밟고 다녔기에 저렇게 반들반들하게 되었습니다. 사람들은 저 반들반들한 모습만 보고 뒷동산은 원래 훌륭한 재목감의 나무가 없었다고 생각합니다.

하지만 어찌 이것이 뒷동산의 본성이겠습니까? 마찬가지로 사람에게 있어서도 어찌 선한 마음이 없겠습니까? 다만 사람들이 그 양심을 놓아 버리게 되는 것 또한 사람들이 뒷동산을 매일매일 밟은 것과 같은 것입니다. 그러니 어찌 아름다워질 수 있겠습니까? 밤낮으로 자라난 선한 마음과 아침의 맑고 고요한 기氣에서 드러나는, 좋아하고 싫어하는 바가 다른 사람들과도 거의 비슷한 본성은 극히 미미한 상태이기 때문에 낮 동안 저지르는 나쁜 행동에 의해 질곡 상태에 놓이게 된 것입니다. 질곡 당하여 없어지기를 반복하다 보면 밤의 기운이 충분히 보존될 수 없고, 밤의 기운이 보존되지 못하다 보면 금수와 거리가 멀지 않게 됩니다. 문제는 사람들이 이 금수 같은 행실만 보고는 처음부터 훌륭한 재질이란 없었다고 여긴다는 점입니다. 이것이 어찌 사람의 타고난 바탕이겠습니까? 그렇기 때문에 잘 길러주는 환경을 만나면 잘 자라지 못하는 만물이 없고, 잘 길러주는 환경을 만나지 못하면 사라지지 않는 만물이 없는 것입니다. 그래서 공자는 '붙잡으면 보존되고 놓으면 잃어버린다. 나가고 들어옴에 정해진 때가 없고 어디로 갈지 그 향방을 알 수 없다'라고 말하였으니 바로 마음에 대해 말했던 것입니다.

자득自得하면
사물을 대하는 것이 편안하다

정치인이 맹자에게 물었다.

저 역시 지식으로 치면 선생님 못지않게 지식이 많다고 자부할 수 있는데, 지혜는 선생님보다 못하다는 생각을 지울 수 없습니다. 지혜를 기르는 방법을 얻어 들을 수 있겠습니까?

맹자가 말하였다.

지혜롭고자 하는 사람은 올바른 이치로 사물의 존재 원리를 깊이 탐구하여 자득하는 공부를 해야 합니다. 자득하면 사물을 대하는 것이 편안해집니다. 사물을 대하는 것이 편안해지면 그것을 이용하는 것이 깊어집니다. 사물을 이용하는 것이 깊어지면 자신의 주변에서 이치를 탐구하여도 그 근본적인 이치와 만나게 됩니다. 이것이 지혜의 공부법입니다

수확을 빠르게 하려고 새싹을 손으로 뽑는다

정치인이 맹자와 이야기했다.

정치인: 선생님의 장점은 무엇인지요?
맹자: 저는 호연지기浩然之氣를 잘 기르며 학설에 대해서 잘 압니다.
정치인: 무엇을 호연지기라 하는 것인지요?
맹자: 말로 표현하기는 쉽지 않습니다. 호연지기浩然之氣에서 말하는 기氣는 지극히 크고 지극히 굳세어서, 바르게 길러 해치지 않으면 천지 사이에 가득 차게 됩니다. 또 그 기는 의義와 도道에 부합되니, 그것이 없으면 시들어

버립니다. 이 호연지기는 의가 많이 모여서 이루어진 것이지 하루아침에 의가 밖에서 엄습해 와서 취해진 것이 아닙니다. 행함에 마음으로 만족치 못함이 있으면 시들해지는 법입니다. 반드시 호연지기를 기르려고 노력하되 미리 그 효과를 기대하지 말고 마음에 잊지 말고, 억지로 조장助長하지 말아야 합니다.

옛날에 이런 일이 있었답니다. 싹이 자라지 않는 것을 안타깝게 여긴 농부가, 하루는 '오늘은 심히 피곤하구나. 싹이 자라도록 도와주어야겠구나' 하기에 그 아들이 달려가 보니 싹이 말라 있었답니다. 수확을 빠르게 하려고 새싹을 손으로 뽑아버린 겁니다.

천하에 싹이 자라는 것을 도와주지 않는 이는 적습니다. 유익하지 않다고 해서 내버려 두는 자는 싹을 김매주지 않는 자이고, 억지로 조장하는 자는 싹을 뽑아 놓는 자니, 이는 유익하지 않을 뿐만 아니라 도리어 해치는 것입니다.

파벌싸움은 정치의 본질을 갉아먹는 도둑이다

정치인이 물었다.

정치를 하다 보면 본의 아니게 편이 갈라지게 됩니다. 정치에서 편을 가르는 기준은 이념일 것이고, 그 이념은 결국 학설에서 기인한 것입니다. 그렇다면 그 학설을 안다는 것은 무슨 말일까요?

맹자가 말하였다.

이것은 정말 중요한 질문입니다. 정치는 이념에서 출발해서 싸움으로 멸망한 경우가 많습니다. 이념싸움은 국민을 피폐하게 하는 주범입니다. 나는 편벽된 학설에 가려진 바를 알고, 지나친 학설에 빠져 있는 바를 알고, 사악한 학설에 괴리된 바를 알고, 둘러대는 학설에 궁색한 바를 알 수 있습니다. 이런 학설들은 마음에 생겨나면 정치를 해치고, 정치에 나타나면 일을 해치는 것으로, 성인이 다시 나온다고 하더라도 반드시 내 말을 따를 것입니다.

진정한 정치인은 선거의 당락에 초연하다

정치인이 맹자에게 물었다.

정치는 곧 선거입니다. 민심을 얻어 당선이 되어야 정치인으로서 활동할 수 있습니다. 다음 선거에서 당선되기 위해서는 무엇을 준비하면 되겠습니까?

맹자가 말하였다.

자기의 마음을 다하는 사람은 자기의 본성을 알고, 자기의 본성을 알면 하늘을 알게 됩니다. 자기의 마음을 보존하여 자기의 본성을 기르는 것은 하늘을 섬기는 도리입니다. 선거에서 낙선이 되든 당선이 되든 개의치 않고 수신修身함으로써 기다리는 것이 천명天命을 온전히 지키는 방법입니다.

천하에 재수 없는 사람은
누구일까?

정치인이 맹자에게 물었다.

선생님께는 어떤 사람이 가장 재수 없고 밥맛없는 사람입니까?

맹자가 말하였다.

나를 찾아와 물을 때, 귀한 신분을 믿고 와서 묻거나, 현명함을 믿고 와서 묻거나, 연장자임을 믿고 와서 묻거나, 공로가 있는 것을 믿고 와서 묻거나, 연고를 믿고 와서 묻거나 하는 사람입니다.

똑같은 사람인데
왜 대인과 소인으로 나뉠까?

정치인이 맹자와 이야기했다.

정치인: 사람이란 존재는 모두 같을 텐데, 누구는 대인大人이 되고 누구는 소인小人이 되는 까닭은 무엇입니까?

맹자: 몸의 대체大體를 따르면 대인이 되고, 몸의 소체小體를 따르면 소인이 됩니다.

정치인: 똑같은 사람인데 누구는 대체를 따르고, 누구는 소체를 따름은 어째서입니까?

맹자: 귀와 눈의 기능은 생각을 하지 못합니다. 그래서 외부의 환경에 가려지기도 하는데 외부의 사물이 하나의 기능에 불과한 귀나 눈과 접촉하면 귀나 눈은 외부의 사물에 의해 끌려가게 되는 것입니다.

그러나 마음의 기능은 생각하는 것입니다. 생각을 하면 이치를 터득할 수 있고 생각하지 못하면 이치를 터득하지 못합니다. 이러한 마음은 하늘이 우리 인간에게 부여해 주신 것입니다. 그러므로 먼저 그 중요한 부분인 마음을 확고하게 세우면 하찮은 부분들이 그 중요한 부분을 빼앗아가지 못합니다. 이것이 대인大人이 되는 이유입니다.

성인이란 마음의 공통점을 먼저 체득한 분이다

정치인이 맹자에게 물었다.

사람의 마음은 같은 것 같기도 하고 다른 것 같기도 합니다. 사람의 마음은 어떻게 보는 것이 맞습니까?

맹자가 말하였다.

풍년에는 젊은이들이 대개 넉넉하지만 흉년에는 젊은이들이 포악하게 됩니다. 이것은 하늘이 부여한 그들의 재주가 이렇게 다른 것이 아니라 그들이 마음 쓰는 바가 그렇게 만드는 것입니다. 지금 밀을 파종하고 씨앗을 덮는데 땅이 같고 심는 시기가 같으면 무럭무럭 자라서 일지 때 모두 익습니다.

이때 비록 수확량이 똑같지 않다면 그것은 땅의 비옥하고 척박함에 따라 달라진 것이며 비와 이슬 등 기후 조건, 인간의 노력이 같지 않았기 때문이지요. 그러므로 무릇 동류인 것은 대부분 서로 같은 법입니다. 그런데 어찌 인간에 대해서만 유독 그러한 사실을 의심하겠습니까? 성인도 나와 같은 부류의 사람입니다. 그래서 발 크기를 잘 모르면서 신발을 만들더라도 삼태기를 만들지는 않습니다. 이처럼 신발이 서로 비슷한 것은 천하의 발 크기가 대부분 같기 때문입니다.

입이 즐기는 맛도 같은 점이 있습니다. 훌륭한 셰프는 우리 입이 즐기는 것을 먼저 알았던 사람입니다. 만일 맛에 대해서 입의 본성이 남과 다르기가 마치 개와 말이 내가 좋아하는 것과 다른 것처럼 다르다면 천하 사람들이 어떻게 한결같이 훌륭한 셰프의 맛을 따르겠습니까?

그런데 어떻게 유독 사람의 마음만은 공통점이 없겠습니까? 사람들의 마음에서 공통점은 무엇일까요? 그것은 도리道理이고 의리義理입니다. 성인이란 인간 마음의 공통점을 먼저 체득한 분입니다. 그러므로 이理와 의義가 우리 마음을 즐겁게 하는 것은 셰프가 우리들 입을 즐겁게 하는 것과 같습니다.

대한민국은
동방예의지국일까?

정치인이 맹자에게 물었다.

오천 년의 역사를 자랑하는 대한민국은 바야흐로 동방예의지국으로 거듭나기 위해 인성교육진흥법을 만드는 등 심혈을 기울이고 있습니다. 지도자들이 선善으로 이끌면 가능하겠지요?

맹자가 말하였다.

선으로 남을 '복종'시키려 했던 자 치고 남을 복종시킨 경우는 없습니다. 선으로 남을 길러준 뒤에야 천하를 복종시킬 수 있었습니다. 천하 사람들이 마음으로 복종하지 않는데 천하의 정치 노릇한 자는 없었습니다.

자신이 바르면 천하가 바로 돌아온다

정치인이 맹자에게 물었다.

탁월한 리더십을 발휘하려면 어떤 점에 유념해야 합니까?

맹자가 말하였다.

누군가를 아껴주는데도 친해지지 않으면 자기의 '사람다움'을 반성하고, 남을 다스려도 다스려지지 않으면 자기의 '지혜'를 반성하고, 타인에게 예를 행했는데도 답례가 없으면 자기의 '예의'를 반성해 보아야 합니다.

이와 같이 행했는데도 거두지 못하는 일이 있으면 모두 자신을 반성해야 합니다. 자신이 바르면 천하가 바로 돌아오기 때문입니다. 이것이 탁월한 리더십을 기르는 방법입니다.

자식은 직접 가르치지 마라

정치인이 맹자에게 물었다.

어렵고 또 어려운 것이 자식교육입니다. 자식을 직접 가르치지 않아야 한다는 것은 무슨 까닭입니까?

맹자가 말하였다.

가르치는 자는 반드시 올바른 길로 가르치려고 합니다. 그런데 올바른 길로 가르치다가 실천이 안 되면 노하게 되고, 노하면 도리어 자식의 마음이 상하게 됩니다. 이때 자식이 '부모님은 나를 바른 길로 가르치지만 부모님도 바른 길로 가는 것은 아니다'라고 생각하게 되면 이것은 부자간에 서로 의를 상하는 길입니다. 부자간에 서로 의가 상하는 것은 애석한 일입니다. 그래서 옛날에도 자식을 서로 바꾸어 가르쳤습니다. 부자간에는 책선責善하지 않는 법입니다. 책선하면 정이 떨어지게 됩니다. 정이 떨어지면 불쌍함이 이보다 더 큰 것이 없습니다.

천시天時는 지리地理만 못하고, 지리는 인화人和만 못하다

정치인이 맹자에게 물었다.

지금 대한민국은 주변의 강대국들 틈에서 살아남기 위해서 전력투구를 하고 있습니다. 큰 나라들 틈바구니에서 작은 나라가 살아나갈 지혜는 무엇입니까?

맹자가 말하였다.

천시는 지리만 못하고, 지리는 인화만 못합니다. 아주 작은 성城을 포위하고 공격하여도 이기지 못할 때가 있습니다. 포위하여 공격할 때 반드시 천시를 얻을 수 있지만, 이기지 못하는 것은 천시가 지리만 못하기 때문입니다. 성이 높지 않은 것도 아니고 못이 깊지 않은 것도 아니고, 병력과 병기가 예리하지 않은 것도 아니며, 곡식이 많지 않은 것도 아닌데 내버리고 떠나가는 것은 이것이 지리가 인화만 못하기 때문입니다.

그러므로 옛말에 '국민을 경계 짓는 데는 국경의 경계에 의존하지 말고, 나라를 견고히 하는 데는 산이나 계곡의 험준함에 의존하지 말며, 천하에 위세를 떨치는 데는 예리한 무기에 의존하지 말아야 한다'라고 한 것입니다.

이치를 얻은 자는 도와주는 이가 많고 이치를 잃은 자는 도와주는 이가 적습니다. 도와주는 이가 지극히 적은 경우에는 친척조차 배반하고, 도와주는 이가 지극히 많은 경우에는 천하 사람들이 순종합니다. 천하 사람들이 순종하는 이치를 가지고, 친척도 배반하는 상대를 공격하기 때문에 이치에 밝은 사람은 싸우지 않을 뿐이지 싸우면 반드시 승리하는 것입니다.

커피숍에 삼삼오오 모여서 무슨 이야기를 할까?

정치인이 맹자에게 물었다.

우리나라는 훌륭한 인재는 많은데 훌륭한 사람으로 살기는 참 어려운 환경이라는 생각이 듭니다. 무엇부터 바로잡아야 할까요?

맹자가 말하였다.

실없는 말은 길하지 못한 것입니다. 길하지 못한 것 가운데 가장 길하지 못한 것은 지혜로운 사람을 헐뜯거나 내팽개치는 것입니다.

말은 그 사람의 마음을 나누는 것입니다. 주부들은 삼삼오오 모여서 무슨 말을 나눌까요? 직장인들은 퇴근길에 외식을 하면서 무슨 말을 나눌까요? 정치인들은 끼리끼리 모이면 무슨 말을 나눌까요? 나를 살리고, 너를 살리며, 우리를 살리는 이야기를 나누어야 합니다. 그것이 진정으로 나를 사랑하는 방법입니다.

국민들은
왜 정치인을 싫어할까?

정치인이 맹자에게 물었다.

부끄럽지만 국민들은 정치인을 좋아하지 않습니다. 싫어하는 가장 큰 원인은 무엇일까요?

맹자가 말하였다.

사람이란 하지 않는 바가 있어야 해야 할 일도 할 수 있습니다. 또한 사람은 부끄러움이 없을 수 없습니다. 부끄러워할 줄 모르는 것을 부끄러워한다면 부끄러운 일이 없을 것입니다.

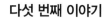

아우구스티누스가
종교인을 만났다

아우구스티누스

354년 ~ 430년, 서방 교회의 4대 교부 가운데 한 사람으로 알제리 및 이탈리아에서
활동한 신학자

당신에게
신은 어떤 존재인가?

종교인이 아우구스티누스에게 물었다.

선생님에게 완전한 자, 즉 신은 어떤 존재입니까?

아우구스티누스가 말하였다.

인간의 양심은 완전한 자의 눈앞에서 바닥까지 다 드러납니다. 내가 종교생활을 하지 않아도, 나의 그 어떤 것이 완전한 자 앞에서 숨을 수 있겠습니까? 내가 완전한 자를 보지 않으려고 내 눈을 가려도 나를 완전한 자에게서 숨길 수는 없습니다. 내가 완전한 자에게 얼마나 불만족스러운지 나의 비참한 상태를 보고 이미 아시겠지만 완전한 자는 나의 빛이요 나의 기쁨이시니, 내가 사랑하고 원함은 오직 완전한 자뿐입니다.

그래서 나는 부끄러운 나 자신을 한쪽으로 치우고 그 대신에 완전한 자를 선택했으니, 이는 내가 완전한 자의 품이 아니면 완전한 자는 물론 나 자신도 기쁠 수 없기 때문입니다.

나는 완전한 자 앞에서 모두 벗었습니다. 내가 완전한 자에게 종교생활을 하는 이유가 무엇인지도 이미 선언했습니다. 그리고 입술로만 하는 말이나 소리가 아닌, 내 영혼의 소리와 완전한 자에게 부르짖는 내 마음을 다해 완전한 자에게 종교생활을 합니다.

완전한 자의 귀는 이 모든 것을 다 들으십니다.

내가 죄인이었을 때에는 스스로에게 만족하지 못하는 모습조차 완전한 자에게 내보이는 종교생활을 하고, 내가 선했을 때에는 그 행위를 나에게 돌리지 않고 완전한 자에게 돌리는 종교생활을 했습니다.

나의 종교생활은 완전한 자의 면전에서 침묵하기도 하고 소리를 내기도 합니다.

내 입은 소리를 내지 않더라도, 내 마음은 완전한 자에게 소리칩니다.

내가 어떤 바른 말을 사람들에게 하더라도, 완전한 자는 이미 그것을 내 마음속에서 들으십니다. 그리고 완전한 자가 내 마음속에서 듣는 것은 무엇이든지 이미 완전한 자가 나에게 말하셨습니다.

인간이란 호기심이 많은 종족이다

종교인이 아우구스티누스에게 물었다.
왜 사람은 종교생활을 해야 합니까?

아우구스티누스가 말하였다.

나의 종교생활을 왜 사람들이 들어야 할까요? 내 안의 모든 악을 그들이 치료해 주지도 않는데 말입니다. 인간이란 호기심이 많은 종족이어서 다른 사람의 삶은 알고 싶어 하지만, 자신의 삶을 알고 교정할 준비는 별로 되어 있지 않습니다.

자신이 어떤 사람인가를 알려고 그토록 원하면서도, 어찌해 사람들은 자신이 어떤 사람인지를 말해 주는 완전한 자에게 귀를 기울이지 않는지 모릅니다. 우리가 우리 자신에 대해 말을 하면서도 그 말이 진실인지 아닌지 우리는 과연 알까요? 완전한 자가 나에 대해 말함에 귀를 기울인다면, '완전한 자가 거짓말 한다'고 아무도 말할 수 없을 것입니다. 왜냐하면 완전한 자를 아는 것은 자기 자신을 아는 것이기 때문입니다. 그러므로 누가 자신을 알면서도 잘 모른다고 말하는 사람은 스스로를 속이는 것이 아닐 수 없습니다. 내 종교생활이 사실인지 아닌지를 다른 사람들에게 증명해 보일 길은 없지만, 최소한 사랑으로 나에게 기울이는 귀를 가진 자는 믿을 것입니다.

"내 영혼의 의사이시여, 내가 무슨 목적으로 이 종교생활을 하는지 나에게 확실히 알게 하소서. 완전한 자는 내 과거의 죄를 용서하시고 덮어주셔서 나의 삶을 변화시켰고 완전한 자 안에서 행복을 누리도록 하셨습니다.

이제 사람들이 내 종교생활을 들을 때, 그들의 마음이 감명을 받고 일어나게 하소서. 그리하여 그들이 '나는 할 수 없다'는 절망 속에서 누워 잠들지 않고 오히려 깨어 일어나게 하소서."

이러한 완전한 자의 은혜를 통해 자신의 약함을 안 사람은 약하지만 강합니다. 그리고 선한 사람들도 이제는 거기에서 벗어나 자유로운 다른 사람들의 지나간 죄에 대해 듣기를 즐깁니다. 사람들이 기뻐함은 그러한 죄가 악이어서가 아니라, 악이 이제는 절대 악이 아니기 때문입니다.

매일같이 종교생활을 함은 나 자신의 결백보다는 완전한 자의 '자비'를 바라는 이유가 더 큽니다. 사람들은 나의 진솔한 모습이 담긴 나의 마음을 들을 귀는 없습니다. 하지만 그들은 듣고 믿을 준비가 되어 있었습니다. 그렇지만 그들이 진정으로 나를 알까요? 사람들을 선하게 하는 '사랑'만이 내가 종교생활을 할 때 그 말이 거짓이 아님을 알 것입니다. 나를 믿게 함은 그들 안에 존재하는 사랑 바로 그것입니다. 종교생활은 그 '사랑을 일깨우는 방법'입니다.

완전한 자의 말씀은
나의 가슴을 친다

종교인이 아우구스티누스에게 물었다.

선생님은 완전한 자의 존재를 어떻게 확인할 수 있습니까?

아우구스티누스가 말하였다.

내가 완전한 자를 사랑함은 어떤 모호한 느낌이 아니라 분명하고 확실한 감정입니다. 완전한 자의 말씀은 나의 가슴을 치고, 그때부터 나는 완전한 자를 사랑했습니다. 이 밖에도 하늘과 땅과 그 안의 모든 것이 내가 완전한 자를 사랑해야 한다고 명령합니다.

그것들의 소리는 끊임없이 모든 사람의 귀에 메아리쳐, 완전한 자를 사랑하지 않는다는 핑계를 댈 수 없게 합니다. 그러나 이 모든 것보다도, 완전한 자는 불쌍히 여길 자를 불쌍히 여기시고, 자비를 베풀어야 할 곳에 완전한 자의 자비를 보이십니다. 이러한 완전한 자의 자비가 없다면, 하늘과 땅이 완전한 자를 찬미하는 소리도 우리는 들을 수 없을 것입니다.

감각에 아무 문제가 없는 사람이라면 이 세상의 아름다운 형체를 분명히 볼 수 있습니다. 그렇다면 그것은 왜 모든 사람에게 다가올까요? 크거나 작거나 모든 동물도 그것을 알지만, 그들은 그 의미를 물어볼 수 없습니다. 왜냐하면 동물들은 감각으로 인식된 여러 가지 내용을 판단할 이성이 없기 때문입니다.

하지만 인간은 물어볼 능력이 있어, 완전한 자의 보이지 않는 속성을 그 피조물을 통해 보이게 할 수 있습니다. 하지만 인간들은 피조물을 너무 좋아해 그 피조물의 노예가 되고 말았습니다. 노예는 판단 능력이 없습니다. 그러므로 이 모든 것들은 판단력이 있는 사람들의 질문에만 답합니다. 피조물은 사실 모든 사람에게 똑같은 말을 하지만, 감각을 통해 밖으로부터 들어오는 소리를 안의 진리와 비교하는 사람들만이 그 의미를 이해할 수 있습니다.

그래서 나는 나의 이 자연스러운 능력을 넘어서, 나를 만드신 완전한 자에게로 차츰 찾아 올라가려 합니다. 다음에 내가 이른 곳은 드넓은 평야와 광대한 궁전과 같은 기억이었습니다. 기억은 감각을 통해서 인식된 여러 가지 사물의 영상이 간직된 창고 같은 곳입니다. 그 기억의 창고 속에는 우리가 감각에 의해서 지각한 것을 어떻게 더하거나 감하거나 변화시켜 생각한 것들과, 또한 망각이 아직 삼키거나 묻지 않은 여러 가지 것들이 간직되어 있습니다.

기억의 힘은 크고도 넓습니다. 너무도 크고 끝없이 무한한 성스러운 장소와 같습니다. 누가 그 깊이를 헤아리겠습니까? 그러나 그것은 내 영혼의 능력으로 본 내 본성의 일부입니다. 그래도 나는 나의 전부를 이해하지는 못합니다. 결국 이 말은 내 마음이 나 자신을 모두 포괄하기에는 너무 좁다는 의미입니다. 그러면 거기에 포함되지 못한 나머지 부분은 어디에 있을까요? 그것은 그 안에 있지 않고, 밖에 어딘가 있을까요? 그렇다면 마음이 왜 자신을 포함할 수 없다는 말입니까?

이런 문제로 나는 당황스럽지만 또한 경이롭습니다. 사람들은 밖에 나가서 높은 산, 바다의 큰 파도, 넓고 긴 강의 흐름, 끝없이 넓은 태양, 별의 운행 등을 바라보고 놀라움을 금치 못하지만, 내 안의 자신에 대해서는 내가 눈으로 직접 보지 않고도 그에 대해 말한다는 사실을 이상하게 생각하지 않습니다. 나는 그것들을 내 기억 속에서 보고 말합니다. 내가 과거에 본 그러한 산, 파도, 강, 별이나, 다른 사람의 말을 듣고 믿는 바다와 그 사이에 놓인 넓은 공간을 내가 마치 그것을 내 밖에서 보는 것처럼 내 안의 기억 속에서 보지 않는다면, 나는 그것에 대해 어떠한 말도 할 수 없을 것입니다. 그런데 내가 그것을 보는 감각을 통해서만 그것이 내 안에 들어오지는 않습니다. 사물은 그대로 외부에 있습니다. 다만 그 영상이 내 안에 들어옵니다. 이것이 내가 완전한 자를 인식하는 방법입니다.

기억은
영혼의 집이다

종교인이 아우구스티누스에게 물었다.

선생님은 완전한 자와 함께 있다는 사실을 어떻게 알 수 있습니까?

아우구스티누스가 말하였다.

우리 마음은 욕망, 기쁨, 두려움, 슬픔을 경험한다고 할 때, 그것도 실은 내 기억에서 나옵니다. 내가 그 감정을 여러 가지로 분류해 논할 때도, 나는 하려고 하는 말을 기억에서 찾고 거기에서 꺼냅니다.

사실은 내가 그것을 생각하기 이전에도, 그것은 이미 내 기억 안에 있었습니다. 그러므로 나는 그것을 기억에서 꺼내 올 수 있었습니다. 마치 소가 위에서 음식물을 다시 꺼내어 되새김질을 하듯이, 사람은 이런 감정을 기억 속에서 꺼냅니다.

나는 망각이라는 말의 의미도 이해합니다. 그러나 내가 그 말을 기억하지 않고서 어떻게 그것을 이해할까요? 내가 만일 어떤 것을 잊었다면, '망각' 이라는 말을 하더라도 그 뜻을 이해할 수 없을 것입니다. 그러므로 내가 기억할 때는 그 기억은 자신을 통해서 자신과 함께 존재하지만, 망각을 기억할 때는 망각과 기억, 즉 기억하는 기억과 기억된 망각이 함께 존재합니다. 그렇다면 망각이란 무엇일까요? 기억의 부재 상태인가요? 그렇다면 망각이라는 말은 내가 기억하지 못함을 말합니다. 그런데 내가 어떻게 그것을 기억할까요?

만일 우리가 기억하는 것만 기억하고, 망각한 것은 기억하지 못한다면, 망각이라는 말을 듣고 그 의미를 파악할 수 없어야 합니다. 그러므로 망각도 우리의 기억 안에 존재함이 확실합니다. 망각은 우리에게 망각함을 완전히 잊지 않도록 우리 안에 있지만, 바로 그 망각이 우리 안에 있어 우리는 잊습니다. 그 경로야 확실히 설명할 수 없지만, 내가 확실히 아는 것은 어쨌든 나는 이미 기억함을 지우는 망각까지도 기억한다는 사실입니다.

기억력은 위대한 힘입니다. 그것은 깊고도 무한히 다양하고 경이로운 존재입니다. 그런데 그것이 바로 나의 마음이요, 나 자신입니다. 그렇다면 나는 과연 어떤 존재입니까? 나의 본성이란 어떤 것입니까? 다양하고 변화로 가득 차서 무한한 힘을 지닌 생명입니다. 내 기억의 넓은 들과 수많은 동굴에 무수한 종류의 많은 것이 가득 차 있습니다. 물질적인 것들은 영상으로, 지식은 그 자체로, 마음의 감정은 어떤 종류의 관념이나 인상으로 거기에 있습니다. 지금 마음이 그것을 실감하지 못해도 기억 속에 있습니다. 기억 속의 것은 무엇이든 마음속에 있습니다. 인간의 생명은 유한하지만, 그 안의 기억의 힘과 생명의 힘은 그렇게 큽니다. 이제 나는 무엇을 해야 합니까? 나는 기억이라 불리는 내 안의 힘을 넘어서려고 합니다. 그래서 나는 나의 빛이신 완전한 자에게 다가서고 싶습니다.

그러면 내가 완전한 자를 어떻게 찾았겠습니까? 내가 완전한 자를 찾는다고 할 때, 사실은 행복을 찾는 것입니다. 내 영혼이 살려고 완전한 자를 찾는 것입니다. 내 육체는 영혼 때문에 살아 있고, 내 영혼은 완전한 자 때문에 살아가기 때문입니다.

그러면 내가 어떻게 해야 행복을 찾을까요? 참다운 행복이란 완전한 자에게서 오는, 완전한 자를 향한, 그리고 완전한 자를 위한 기쁨입니다.

참 행복이란 이 외에는 없습니다. 혹시 다른 종류의 행복이 있다고 생각하는 사람들은 다른 종류의 기쁨을 추구할 것입니다. 그러나 그것은 참다운 기쁨이 아닙니다. 인간의 영혼은 모든 것을 참되게 하는 유일한 진리 안에서만 기쁨을 누릴 때 비로소 행복할 것입니다.

내가 완전한 자를 찾으러 광대한 내 기억의 장을 얼마나 뒤졌는지 보십시오.

기억의 밖에서는 완전한 자를 찾을 수 없었습니다. 내가 완전한 자를 처음으로 알았던 그 시간 이후 내가 기억하는 모습 이외에 완전한 자에 대한 기억은 없습니다.

그 이후로 나는 완전한 자를 잊은 적이 없습니다. 내가 진리를 찾은 그곳에서 진리 자체가 되시는 나의 완전한 자를 찾았기 때문입니다. 그러므로 나는 진리를 처음으로 안 이후 진리를 잊은 적이 없습니다. 내가 완전한 자를 안 이후 계속 완전한 자는 내 기억 안에 존재했습니다. 내가 완전한 자를 생각하고 완전한 자 안에서 기뻐할 때는 언제든지 내가 완전한 자를 만나는 곳이었습니다. 이것은 완전한 자가 나의 가난을 살피셔서 나에게 부여한 기억 속에서 나의 거룩한 기쁨이었습니다.

그러면, 내가 완전한 자를 알려면 나는 어디서 완전한 자를 찾아야 합니까? 내가 완전한 자를 알기 이전에 완전한 자는 내 기억 속에 존재하지 않았습니다. 우리가 완전한 자에게 다가서거나 떠나거나 간에, 완전한 자는 어디에도 제한받지 않으십니다. 완전한 자는 진리이시고 어디에나 계셔서 완전한 자를 찾는 모든 자에게 답하십니다.

각 사람의 요구가 모두 다르더라도, 완전한 자는 모든 자에게 동시에 답하십니다. 완전한 자의 답은 명확하지만, 모든 사람이 명확하게 듣지는 않습니다. 사람들은 완전한 자에게 자신들의 원함을 간구하지만, 그들이 받는 응답은 언제나 자신들이 들으려 했던 것은 아닙니다.

완전한 자에게 가장 충실한 사람은 자신이 원함을 완전한 자에게서 들으려 하기보다는 자신이 완전한 자에게서 듣는 것에 자신의 의지를 맞추려는 사람입니다. 완전한 자는 언제나 내 옆에서 같이 걸으셨습니다. 그러면서 완전한 자는 내가 무엇을 원하고 무엇을 피해야 하는지를 가르쳐주셨습니다.

악은 실체가 아니라 자유의지의 왜곡이다

종교인이 아우구스티누스에게 물었다.
선생님이 생각하는 선과 악은 무엇입니까?

아우구스티누스가 말하였다.
나는 약한 인간이었지만, 완전한 자를 유일하고 진실한 것으로 생각하려고 노력했습니다. 진심으로 나는 완전한 자가 결코 소멸하지 않으며 변화되지 않는 존재임을 믿었답니다. 실상 그 이유는 잘 모릅니다. 다만 확실한 것은 소멸하는 존재는 그렇지 않은 존재보다 더 열등하고, 상처받는 존재는 그렇지 않은 존재보다 더 열등하며, 불변의 존재는 변하는 존재보다 더 좋다는 믿음이 있었습니다.

우리가 악한 행동을 함은 우리의 자유 의지가 그렇게 하기로 선택했기 때문이고, 그로 말미암아 고난을 당함은 완전한 자의 정의가 우리에게 요구한 결과라는 말을 들었습니다. 나는 이 말을 이해하려고 무척이나 애썼지만, 명확히 이해할 수는 없었습니다.

나는 내가 빠진 이러한 심연으로부터 빠져나오려고 애를 썼지만 헛수고일 뿐이었습니다. 다만 한 가지 사실이 나를 일으켜 완전한 자의 빛으로 조금이나마 인도했습니다.

내가 살아 있음을 아는 것과 마찬가지로, 내가 의지가 있음을 확실히 알고 있다는 사실이었습니다. 그러므로 내가 어떤 것을 원하든 그렇지 않든 의지의 주체는 다른 존재가 아닌 바로 나 자신이라는 사실을 확실히 알았습니다. 여기에 내 죄악의 원인이 있음을 알았습니다.

나는 악의 근원을 알아내려 애썼지만, 그 방법이 옳지 않아서 악을 제대로 보지 못했습니다. 내 마음의 눈앞에, 나는 창조된 세계 전체를 펼쳐 놓았습니다.

거기에는 땅, 바다, 공기와 별과 같은 무생물이나, 살아가고 죽어가는 식물이나, 동물과 같은 생물 등과 같이 우리 눈에 보이는 것과, 하늘 위의 세계와 천사를 포함하여 그 안에 있는 모든 영적인 존재가 모두 포함되었습니다. 이러한 영적인 존재도 물질적 형체가 있어 각기 할당된 자리가 있다는 것이 나의 생각이었습니다.

나는 완전한 자의 창조 세계 전체를 다양한 물체로 구성된 하나의 커다란 덩어리로 보았고, 그 물체 일부는 실재하고 일부는 내 상상 속에서 영적인 자리를 차지하는 물체였습니다. 그 덩어리는 물론 매우 크다고 생각했지만, 실제로 얼마나 큰지는 알 수 없었습니다. 편의상 나는 그 덩어리는 대단히 크지만 모든 면에서 한계가 있다고 판단했습니다. 그러나 완전한 자에 대해서 나는 그 덩어리를 모든 면에서 포괄하며, 모든 방면에서 침투하지만, 모든 차원에서 무한한 존재라고 생각했습니다. 그것은 마치 무한하고 광대한 바다와 같아서, 또 그 안에 그 바닷물로 흠뻑 젖은 스펀지와 같은 것이 존재하듯이, 완전한 자가 창조하신 유한한 이 세계도 무한한 신으로 가득 차 있다고 생각했습니다. 나는 이렇게 생각하기 시작했습니다.

'여기에 완전한 자가 계시고, 완전한 자가 창조한 세계가 있다. 완전한 자는 선하시고 능력이 있으시니, 자신이 만드신 세상보다 위대하시다. 완전한 자가 선하시기 때문에 그가 만드시는 세상도 역시 선하다. 완전한 자가 자신의 존재로 이 모든 것을 포괄하시고 충만하시지 않은가.

그렇다면 악은 어디에 있는 것인가? 악의 근원은 무엇인가? 어떻게 세상에 숨어들어 왔는가? 악의 뿌리와 씨는 무엇인가? 혹시 악이 전혀 존재하지 않는 것은 아닌가? 그렇다면 존재하지 않는 것에 대해서 우리가 왜 두려워하거나 피하려는 것일까? 만일 우리의 두려움이 근거 없다면, 그 두려움 자체가 우리의 마음을 찌르고 괴롭히는 악일 것이다.

사실 우리가 두려워할 필요가 없는 데도 우리가 두려워한다면 바로 그것이 더 큰 악이 아닐까? 그러므로 악이 있어 우리가 두려워하거나, 아니면 두려움 그 자체가 바로 악이 된다.

완전한 자가 이 모든 것을 만드셨고, 완전한 자는 선하시니 그가 만든 것 또한 선하다면, 악은 도대체 어디서 올까? 최고의 선이신 완전한 자보다 덜 선한 세상 모든 것을 창조하셨지만 창조주나 피조물 모두 선한 것이 사실이라면, 도대체 악은 어디서 왔단 말인가?

혹시 완전한 자가 우주를 만드실 때 사용한 질료 자체에 악이 존재했을까? 그래서 이 질료를 가지고 세상을 만들 때, 일부는 자신의 목적에 따라 선하게 만들고, 일부는 선으로 바꾸지 않고 그대로 내버려 둔 결과일까? 그렇다면 왜 그렇게 하셨을까? 완전한 자가 전능하기는 하지만, 이 질료 전부를 선으로 바꾸어 악이 전혀 없는 상태로 만들 힘은 없었을까? 애당초 완전한 자는 왜 그 질료로부터 무엇인가를 만들려고 하셨을까?

전능하시다면 오히려 그 모든 것을 파괴하여 존재하지 않도록 할 수도 있지 않았을까? 완전한 자의 의지에 반하는 어떤 것이 있을 수 있을까? 질료가 영원부터 존재해 왔다면, 과거의 긴 시간 동안 그 상태로 내버려 두었다가, 오랜 시간 후에 비로소 그것으로부터 무엇인가를 만드시려고 하신 이유가 무엇일까? 갑자기 창조를 결심했다 해도, 전능한 힘을 발휘하여 악한 질료는 없애는 것이 더 좋지 않았을까?

그래야 전적으로 진실하고, 모든 것의 위에 있으며, 무한한 것은 완전한 자 이외에 다른 것이 존재할 수 없지 않았을까? 혹은 선하신 완전한 자가 선한 세상을 창조하거나 세우지 못한 것이 선하지 않은 것이라고 한다면, 완전한 자는 왜 악한 질료를 제거하고 이를 선으로 대체해 만물을 선하게 창조하지 않으셨을까? 완전한 자는 자신이 창조하지 않은 질료의 도움 없이 선한 것을 창조할 수 없다면, 그는 전능한 존재가 아니기 때문이다.'

이러한 모든 것들에 대해 나는 고민하고 또 고민했고, 내가 진리를 알기 전에 혹시 죽지나 않을까 두려워하기까지 했습니다. 완전한 자에게 악은 존재하지 않습니다. 완전한 자에게 뿐만 아니라 완전한 자가 창조한 세계 전체에도 마찬가지입니다. 창조된 세계를 침범하거나 그 세계에 부여된 질서를 파괴할 그 어떤 힘도 창조 세계에 존재하지 않기 때문입니다. 그러나 완전한 자의 창조 일부만을 보면, 어떤 것들은 다른 것과 달라서 악의 요소처럼 생각될 수도 있습니다.

그러나 그것도 일치를 이루고 결국은 좋게 되어, 그 자체도 좋은 것이 됩니다. 그리고 조화를 이루지 않더라도 우리가 지구라고 부르는 창조 질서의 낮은 부분을 형성하게 마련입니다. 구름 끼고 바람이 부는 하늘이 그것이 속한 땅과 조화를 이루는 것처럼 말입니다.

다른 한편으로 내가 안 것은 모든 것은 완전한 자로 말미암아 존재하고, 모든 것은 또한 완전한 자 안에서 유한한 존재라는 사실입니다. 여기서 완전한 자 안에 존재한다는 말은 완전한 자가 그들을 포함하는 어떤 공간이라는 의미와는 다릅니다. 완전한 자가 그 모든 것을 완전한 자의 진리로 붙들기에 존재한다는 의미입니다. 모든 것은 존재하는 한 참되며, 거짓이란 실상 아무것도 아닙니다. 존재하지 않는 것을 존재한다고 생각하는 것은 거짓일 뿐입니다.

모든 것은 존재하는 시간과 공간에서 매우 적절하게 배치됨도 나는 알았습니다. 유일하신 영원한 존재로서 완전한 자는 수없는 시간이 지나간 다음에 일을 시작하는 분이 아닙니다. 왜냐하면 과거의 시간이나 미래의 모든 시간도 완전한 자가 지켜주지 않으면 오지도 가지도 않기 때문입니다.

내 경험으로 보아, 건강한 자에게는 맛있는 빵도 아플 때에는 맛이 없고, 건강한 눈에는 즐거움인 빛이 아플 때에는 고통스럽다는 사실은 전혀 이상하지 않습니다. 마찬가지로 사악한 자들은 마치 독사나 벌레를 싫어하듯이 완전한 자의 정의를 혐오합니다. 그러나 실제로 독사나 벌레도 완전한 자가 선하게 창조한 존재로서, 나름대로 완전한 자의 창조 질서에 속합니다. 실상 그 사악한 자들도 창조의 낮은 질서에 속하며, 완전한 자와 다른데, 높은 질서에 속할수록 완전한 자와 닮아갑니다. 그리하여 악이 무엇인지에 대한 질문에 대해서, 악은 실체가 아니라 완전한 자에게서 벗어난 의지의 왜곡임을 나는 알았습니다. 의지의 왜곡이라 함은 최고의 실체이신 완전한 자로부터 돌아서서 낮은 질서로 떨어져 외부 것들에 대한 욕망으로 잔뜩 부풀어 있음을 의미합니다.

악은 나의 교만한
마음으로부터 나온다

종교인이 아우구스티누스에게 물었다.

인간은 불완전한 존재로 태어납니다. 그래서 사람에게는 종교심이란 것이 필요하지요. 선생님은 젊었을 때 방황한 적은 없었는지요?

아우구스티누스가 말하였다.

부끄럽지만 저의 청소년 시절은 암울함 그 자체였습니다. 이제 내가 그 시절에 저지른 혐오스러운 일들, 내 영혼을 타락시킨 육체의 죄를 기억해 내려 합니다. 이는 내가 그 죄를 사랑해서가 아니라, 그러함으로 내가 완전한 자를 사랑하려 하기 때문입니다. 완전한 자의 자비를 사랑하여 나의 지난 악행을 상기합니다. 기억은 고통스럽지만, 이를 통해서 나는 완전한 자의 사랑을 알 것입니다. 그 사랑은 기만되지 않고 진정한 기쁨을 가져다주는 사랑입니다. 내가 세상의 방탕함을 쫓아다니면서 완전한 자에게서 떠나서 갈가리 찢겼던 황폐함으로부터 나를 구한 것은 완전한 자의 자비였습니다.

이후 청년으로 성장하면서 나는 지옥의 기쁨으로 가득 찬 헛된 욕망에 열광했습니다. 무모하게도 나는 여러 가지 욕망으로 거칠게 달려 나갔습니다. 완전한 자의 눈에 나의 아름다움도 사라지고 속부터 썩었지만, 나는 나를 좋게 보았고 사람의 눈에 좋게 보이려고 애썼습니다.

나는 사랑하고 사랑받는 것을 좋아했습니다. 그러나 나의 사랑은 마음과 마음이 통하는 애정의 한계, 우정의 밝은 빛의 경계를 넘었습니다. 진흙 덩어리와 같은 육체의 욕망, 내 안에서 솟아나는 청소년기의 정욕이 안개처럼 나를 휘감아 내 마음을 흐리게 했고, 진정한 사랑과 암울한 정욕을 구분하지 못했습니다. 사랑과 정욕 모두 내 안에 자리 잡았고, 내 젊은 시절에 이들은 나를 육체의 나락으로 이끌어 죄의 소용돌이에 던졌습니다. 내가 완전한 자의 분노를 점점 더 불러일으켰지만 나는 몰랐습니다. 나를 끌고 가는 죽음의 쇠사슬 소리에 나는 귀먹었기 때문이었습니다. 나는 점점 더 완전한 자로부터 멀어졌고, 완전한 자는 나를 그대로 두었습니다. 내가 사악함이 넘실거리는 바다에서 이리저리 뒹굴며 낭비하고 나를 쏟아도, 완전한 자는 아무 말씀도 하지 않았습니다. 완전한 자가 나의 진정한 기쁨임을 아는데 왜 그리 오래 걸렸는지요? 그때 완전한 자는 침묵하셨고, 나는 내 길을 갔습니다. 완전한 자와는 계속 멀어져만 가고, 교만한 낙심과 불안한 피로감으로 슬픔의 씨앗만 뿌려댔습니다. 하지만 나는 악의 한가운데서 완전한 자를 떠나 물결 닿는 대로 나를 내버려 두었습니다. 완전한 자의 모든 법을 파기했지만 완전한 자의 채찍을 벗어나지는 못했습니다.

어떤 인간이 그것을 피하겠습니까? 완전한 자는 항상 거기 계셔서 때로는 진노로 때로는 자비로 나의 마구잡이식 기쁨에 쓴 고통을 섞어 나에게 고통이 없는 기쁨을 찾도록 인도하셨습니다. 다른 곳이 아닌 완전한 자 안에서 그러한 기쁨을 찾으라고 완전한 자는 끊임없이 나를 재촉하셨습니다.

완전한 자는 우리를 가르치심에, 때려서 고치시고 우리를 죽여서 완전한 자로부터 영원히 죽지 않도록 하십니다. 내가 열여섯 살이 되었을 때, 나는 어디에 있었고, 완전한 자의 기쁨으로부터 얼마나 멀리 있었는지요. 그때에 나는, 완전한 자의 법이 금지했지만 인간의 마음은 부끄러움을 모른 채, 광란한 욕정에 철저히 사로잡혔습니다. 나의 가족은 이러한 나의 타락을 결혼으로 구제할 생각은 하지도 않았습니다. 그들의 유일한 관심사는 내가 공부를 잘해 출세하는 것이었습니다.

사실 악보다 더 경멸당할 것은 없는데도, 나는 경멸당하지 않으려고 더욱더 많은 악행을 저질렀습니다. 내가 친구들보다 더 많은 악행을 자행하지는 않았지만, 종종 내가 하지 않은 일을 한 척하기도 했습니다. 순진함이 겁쟁이로, 순결함이 유약함으로 비칠까 두려웠기 때문입니다. 무슨 악이든지 나의 교만한 마음으로부터 튀어나왔습니다.

도둑질은 완전한 자의 법과 인간의 가슴속에 새겨진 법이 명백히 금지시켰습니다. 어떤 도둑이 아무리 부자라도 자신의 것을 훔친 도둑을 설사 그가 정말 궁핍해서 훔쳤더라도 용서하겠습니까. 그런데 나는 도둑질을 하고 싶었고 실제로 했습니다. 무엇이 부족해서가 아니요, 다만 정의감의 부족과 착한 일에 대한 혐오와 나쁜 짓을 하고 싶은 충동으로 그리했습니다.

내가 훔친 것은 이미 내게 많이 있는 것들이었습니다. 내가 좋아한 것은 훔친 물건이 아니라 훔치는 것 그 자체와 그 죄였습니다.

우리 집 포도밭 근처에 그다지 좋거나 맛있어 보이지도 않는 배나무가 한 그루 있었습니다. 어느 날 밤늦게 나를 포함한 일단의 불량배들이 배나무를 흔들어 배를 땄습니다. 당시 우리는 밤늦게 돌아다니면서 밖에서 노는 나쁜 버릇이 있었습니다. 우리는 다 먹지도 못할 정도로 엄청난 양의 배를 따서는 돼지에게 던졌습니다. 아마 일부는 우리가 먹었겠지만 우리가 즐긴 것은 금지된 무엇인가를 하는 것이었나 봅니다.

금이나 은과 같은 아름다운 것들에는 눈을 매혹하는 매력이 있습니다. 그것들을 만지는 그 자체만으로도 쾌락이 느껴집니다. 모든 물질에는 각각의 감각을 즐겁게 하는 다양한 속성이 있습니다. 세상의 명예에도 다른 사람을 지배하고 명령하는 어떤 매력이 있습니다.

죄를 지으려는 이유도 바로 여기에 있습니다. 하지만 이 모든 것을 얻으려는 우리의 야망이 우리를 신에게서 벗어나게 하거나, 완전한 자의 법이 정하신 경계를 넘어서게 해서는 안 됩니다. 세상 모든 것에는 나름대로 가치가 있고 이 세상 우리의 삶은 나름대로 매력이 있어, 그 매력의 정도에 따라 다른 사물과 조화를 이룹니다. 인간들 사이의 우정도 매우 즐거워 많은 영혼을 하나로 묶어줍니다.

이러한 사물과 이를 좋아함이 바로 죄의 원인입니다. 이는 아무리 좋아도 하층의 질서에 속하기 때문입니다. 우리는 이러한 것이 미혹되어 더욱 높고 좋은 완전한 자의 진리, 완전한 자의 법, 완전한 자를 버립니다.

왜 범죄가 발생하는가 하는 질문이 던져질 때, 그 동기는 대체로 사람이 하층에 속하는 어떤 것을 얻으려 하거나 그것을 잃으려 하지 않는 두려움에 있다고 볼 수 있습니다. 비록 완전한 자의 축복받은 보물에 비하면 하찮지만, 이러한 하층에 속하는 것들도 매력적이고 아름답습니다. 한 사람이 살인을 했을 때, 우리는 그 이유를 묻습니다.

희생자의 아내나 재산을 욕심냈거나 먹고살려고 도둑질을 했거나 다른 사람이 자기에게서 무엇인가를 빼앗을까 봐 두려웠거나, 또는 해를 당하고 복

159

수심으로 그러했다는 대답이 나올 것입니다. 아무도 이유 없이 그저 살인하고 싶어서 살인하리라고는 생각지 않습니다. 아무리 악하고 잔인한 사람이라도 행동에는 동기가 있습니다.

내가 열여섯 살 소년이었던 그날 밤에 저지른 도둑질이라는 범죄에 대해서 나는 부끄럽게도 내가 그 자체를 사랑했음을 알았습니다. 도둑질이라는 행위는 아름다울 수 없지만, 우리가 훔친 배는 모든 만물 중에서 가장 아름다우며 만물의 창조자이신 완전한 자, 나의 가장 선하시고 참되신 완전한 자, 완전한 자가 만드셨기에 아름다웠습니다.

그러나 나의 불행한 영혼이 탐낸 것은 그 배가 아니었습니다. 훔친 것보다 더 좋은 배가 많았지만, 나는 그것을 선택했고 훔쳤습니다. 결국 훔치려고 선택했다고 볼 수 있을 것입니다. 나는 그것을 따자마자 버렸고 맛도 보지 않았기 때문입니다. 그러고서 나는 만족을 느끼고 즐거워했으니, 그것이 바로 나의 죄였습니다. 만일 약간이라도 배 맛을 보았다면, 거기에 감칠맛을 더하는 것은 바로 내 죄였을 것입니다.

지금 내가 묻고 싶은 것은 그 도둑질에서 나를 그렇게 기쁘게 한 것이 무엇이었는가 하는 것입니다. 도둑질에는 나를 유혹할 만한 아름다움이 없었습니다. 정의나 지혜, 감각이나 활력 있는 생명에 깃든 아름다움이 없었습니다.

또한 거기에는 자기 궤도를 따라 도는 별의 영광이나 아름다움도 없었고, 끊임없이 낡은 생명이 사라지고 새로운 생명이 살아오는 신진대사로서 생명을 풍성히 이어 가는 지구나 바다의 아름다움도 없었습니다. 거기에는 악을 행할 때 나타나는 거짓된 색깔이나 그림자 같은 매력도 없었습니다.

그러면 그 도둑질에서 내가 즐기려 한 것은 무엇이었겠습니까. 내가 왜곡되고 사악한 방법으로 힘 있는 자의 능력을 모방했을까요? 내가 완전한 자의 법을 어길 능력이 사실상 없어, 하지 말라는 나쁜 짓을 하는 것이 자유라는 환상을 가진 죄수와 같이 법을 어기는 흉내라도 내고 싶었을까요?

주인에게서 도망쳐 대신에 그림자를 좇는 노예가 여기에 있습니다.

혐오스러움이여! 기이한 인생이여! 죽음의 심연이여! 그것이 나쁘다는 단지 그 이유로 나쁜 일을 한 것이 그렇게 즐거울 수 있다니요!

용서는 받는 것이 아니라 하는 것이다

종교인이 아우구스티누스에게 물었다.

완전한 자는 불완전한 인간에게 자비와 용서를 베풀어줍니다. 선생님은 완전한 자로부터 자비와 용서를 받은 적이 있습니까?

아우구스티누스가 말하였다.

완전한 자가 나의 과거의 죄와 행동을 용서해 주셨기에 나는 완전한 자를 사랑하며, 완전한 자에게 감사하며, 완전한 자의 이름을 찬양합니다. 내 죄가 얼음이 녹듯이 녹아 사라짐은 완전한 자의 은혜와 자비로 말미암아서입니다.

또한 내가 그 후 악한 일을 하지 않는 것도 완전한 자의 은혜 때문입니다. 사실 완전한 자에게 용서를 받지 못했다면 나는 죄 때문에 죄를 지었으니 나는 무슨 일이든 저지를 수 있었습니다. 이제 완전한 자는 나의 모든 죄, 내가 행동으로 옮기지 않은 죄까지도 다 용서하셨음을 압니다.

자기의 약함을 아는 사람 어느 누가 감히 자신의 순결함과 무죄함을 자신의 능력에 의한 것이라 하겠습니까. 나는 한때 병든 자였으나, 의사의 치유를 받았습니다. 나를 치료한 그 의사의 도움으로 다른 사람들도 병들지 않았거나 나보다 덜 앓았을 것입니다. 그러므로 그 사람들도 나처럼, 아니 나보다 더 완전한 자를 사랑하게 하소서. 왜냐하면 의사이신 완전한 자께서 나를 심한 죄의 병에서 고치셨음을 사람들이 알았고 또한 같은 완전한 자의 손이 그 사람들 자신도 죄를 짓지 않게 도우셨음을 알았기 때문입니다.

도둑질하는 행위 그 자체 외에는 나는 그 어떤 것도 사랑하지 않았습니다. 불쌍해졌기 때문입니다. 그리고 당시의 내 심정을 회상해 보건대, 나 혼자서는 그 일을 하지 않았을 것입니다. 그렇다면 나는 나와 같이 범죄를 저지른 그 친구들과의 사귐을 즐긴 것이 아니겠습니까? 그렇다면, 도둑질 그 자체 말고도 내가 사랑한 또 다른 것이 있었습니다. 그렇지만 도둑질과 마찬가지로 우정도 별것 아니기에, 나는 그것이 어떤 다른 것이라고 말할 수 없습니다. 그러면 무엇이란 말입니까?

내 마음을 비추어 그림자를 없애시는 나의 완전한 자, 그 외에 누구도 그 사실을 설명할 수 없습니다. 이러한 의문과 논증에서 내가 얻으려는 결론이 무엇인가요. 그때 내가 훔친 배가 맛있어서 정말 내가 먹고 싶어서 그랬다면 나는 혼자서 훔쳤을 것이고, 나 혼자서 그것을 즐겼을 것입니다. 정말 그랬다면, 나는 내 공모자들의 부추김으로 내 욕망이 자극될 필요가 없었을 것입니다. 그러나 나의 쾌락은 그 배가 아니라, 범죄 그 자체에 있었고, 그 범죄를 친구들과 함께 저지르는 일 그 자체였습니다.

그때의 내 심정을 어떻게 설명하겠습니까. 확실히 정신이 타락한 상태였습니다. 하지만 내가 그것을 어떻게 알겠습니까. 누가 자신의 잘못을 안단 말입니까. 무척이나 화가 난 주인이 우리를 의심조차 하지 않는 것을 보면서 우리는 자지러지지 않을 수 없었습니다. 그 재미있는 일을 왜 혼자 하지 않았을까요. 아마도 혼자 있을 때 사람들이 쉽게 웃지 않는 것과 같을 것입니다. 사실이지만 사람들이 혼자 있을 때조차 특별히 재미있는 것을 생각하거나, 보거나 들을 때에는 웃지 않을 수 없는 일도 있습니다. 마찬가지로 도둑질도 나 혼자였다면 절대로 하지 않았을 것입니다.

완전한 자 앞에 생생한 나의 기억이 놓여 있습니다. 혼자서는 도둑질을 하지 않았을 것입니다. 나를 유혹한 것은 물건이 아니라 약탈 행위 그 자체였습니다.

그래도 혼자라면 재미있지도, 도둑질하지도 않았을 것입니다. 이것은 나의 마음을 이상하게 미혹시키는 정말 우정답지 못한 우정입니다. 가벼운 웃음을 날리면서, 내 이익을 챙기거나 복수할 생각 없이, 나는 해로운 짓을 하고 다른 사람에게 손해를 끼치는 일이 재미있었습니다. 그리고 우리 모두 다른 사람들이 '자, 하자!' 하고 말하면 모두 주저하지 않고 따랐습니다.

누가 이 얽힌 매듭을 풀어주겠습니까. 나는 더러움은 보기도 생각하기도 싫습니다. 대신에 나는 오염되지 않은 눈에 나타나는 은혜롭고 영광스러운 완전한 자의 순결함과 정의를 갈망합니다. 나의 갈망이 넘쳐 흘러 지칠 줄 모릅니다.

완전한 자와 함께 영원히 흔들리지 않을 평화와 생명이 존재합니다. 그 안에 들어가는 자는 '네 주인의 즐거움에 동참하게' 될 것입니다. 거기에는 두려움도 없고, 무한한 선만이 있습니다. 선 그 자체이신 그 안에서 최선의 길을 발견할 수 있을 것입니다. 나는 완전한 자를 버렸습니다. 젊은 시절에 나는 완전한 자의 붙잡는 손을 뿌리치고 멀리 돌아다녔습니다. 그리하여 나는 스스로 황폐한 땅이 되었습니다.

죽음은 완전한 자와
하나 되는 것이다

종교인이 아우구스티누스에게 물었다.

선생님은 죽음에 대해서 어떤 생각을 가지고 계신가요?

아우구스티누스가 말하였다.

나는 열아홉 살 때부터 스물여덟 살까지 9년 동안, 길을 잃은 채 다른 사람도 그렇게 길을 잃게 만들기도 하면서 살았습니다. 우리는 각자 다른 목적으로 속고 속였습니다. 공개적으로 인문학이라는 학문의 이름으로, 내면적으로는 종교의 이름으로 그리했습니다. 공개적으로 나는 독단적이었고, 개인적으로는 미신적이어서 어떤 경우이든지 나는 헛되고 텅 빈 존재였습니다.

한편으로는 무가치한 대중의 인기, 청중의 갈채를 받고 싶어, 시 낭송 대회에 참가하기도 했습니다. 우리는 무대의 허망함과 무절제한 욕심으로 속절없이 시들어버릴 월계관을 추구했습니다. 다른 한편으로 성자에게 음식을 바치면서 하잘것없는 기쁨을 추구했습니다. 우리는 음식을 먹고는 위장에서 천사와 완전한 자를 뱉어내고, 그 천사와 완전한 자가 우리를 자유롭게 한다는 것이었습니다. 이러한 것들이 내가 내 친구들과 추구하고자 했던 일들로, 이는 상호 기만행위에 불과했습니다.

나는 당시에 인문학 교수였습니다. 돈과 명예를 추구하여 나는 말로 다른 사람을 이기는 재주를 팔았습니다. 하지만 나는 정직한 학생들을 두고 싶었습니다. 내가 속이는 기술을 가르칠 때, 나쁜 의도는 전혀 없었고, 무죄한 자를 해치려고 한 것이 아니라 유죄한 자의 생명을 구하려고 가르쳤습니다. 완전한 자는 멀리서 내가 이 위험한 길에서 넘어지는 것을 보고 계셨습니다. 그러나 또한 짙은 연기 속에서도 완전한 자는 나에게서 좋은 신앙의 빛도 발견하셨습니다. 내가 학생들을 가르칠 때에 그들의 헛된 생각과 거짓을 부추겼지만, 정직하게 가르치는 데 온 힘을 다했기 때문입니다.

나는 그때쯤 나의 고향에서 가르치기 시작했는데, 사랑하는 친구가 있었습니다. 나이도 같고 어린 시절을 같이 보냈고 관심사도 같았습니다. 소년 시절을 같이 보내고 학교에 같이 가고 놀기도 같이 놀았습니다. 그러나 그때는 진실한 친구 간의 우정이라 할 수는 없었습니다. 물론 그 후에도 진정한 의미에서 친구가 되지는 못했습니다. 완전한 자가 주신 성령으로 우리의 마음에 씨 뿌려 놓으신 사랑을 통해 완전한 자가 맺어주지 않으면, 어떤 친구도, 그와 아무리 얽혀 살았다 할지라도, 진실한 친구가 될 수 없기 때문입니다. 그래도 우리의 우정은 같은 학문을 하면서 더욱 깊어졌습니다.

친구에게는 아직 진실 되고 참된 완전한 자가 없었습니다. 내가 친구를 유혹하여 진실한 신앙에서 멀어지게 하고 내가 믿는 미신을 믿게 하여 자기 파괴 행위로 나간 것을 보시고 나의 어머니는 눈물을 흘리셨습니다. 우리는 서로 잘못하였으며 방황했고, 나는 그 친구 없이는 살 수 없었습니다. 그러나 그때까지 그 무엇보다도 많은 기쁨을 주었던 우정이 시작된 지 채 일 년도 지나기 전에 끝이 났습니다. 완전한 자가 친구를 이 세상에서 데려가셨습니다. 완전한 자는 자비의 원천이자 복수의 완전한 자이시기 때문입니다. 완전한 자는 도망자의 뒤를 쫓으시며, 우리가 이해할 수 없는 방법으로 우리를 완전한 자께로 부르십니다.

어떤 인간도, 자신이 삶에서 경험한 은혜를 아는 유일한 존재인데도, 완전한 자를 제대로 찬양할 수는 없습니다. 그때 완전한 자가 무엇을 도와주신 것인지 내가 어떻게 이해하겠습니까. 어떻게 내가 완전한 자의 오묘하신 심판의 뜻을 제대로 헤아리겠습니까. 나의 친구는 심각한 열병으로 오랫동안 죽음의 늪에 빠져 의식을 잃었을 때, 구원에 대한 모든 희망이 사라진 상태에서 세례를 받았습니다. 나는 그때, 그 세례에 별 의미를 두지 않았습니다. 의식 없는 상태에서 행해져 나는 친구의 영혼이 나에게서 배운 것을 더 기억하고 있으리라 믿었습니다. 하지만 그렇지 않았습니다. 새로운 삶이 시작되고 친구는 회복되었습니다. 내가 그와 말할 수 있었을 때, 나는 그에게 농담을 했습니다. 세례에 관한 농담인데, 나는 그 역시 마찬가지로 생각이나 감각이 없을 때 받은 것이기에 별일 아닌 것으로 여기리라 생각했습니다.

하지만 친구는 이미 세례받은 사실을 알았고, 나를 원수나 되는 것처럼 두렵게 쳐다보았습니다. 그리고 솔직하고 아주 단호하게 나에게 계속 친구로 남고 싶으면, 그런 말은 다시는 하지 말라고 했습니다. 나는 매우 놀랐고 당황했지만, 그 친구가 제대로 회복이 되면 내 말을 알아들으려니 하는 희망으로 내 느낌을 그때 친구에게 말하지는 않았습니다. 그러나 그는 이미 나의 어리석음을 벗어나 완전한 자의 안전한 보호 아래 있었습니다. 이는 후일 나의 위안이 되었던 것을 완전한 자는 이미 아셨습니다. 며칠 후에 열병이 재발하여 그 친구는 내가 없는 사이에 세상을 떠났습니다.

내 마음은 슬픔으로 매우 어두워져서 사방을 둘러보아도 죽음밖에 보이지 않았습니다. 내 고향은 나에게 고통이 되었고, 내 집은 기괴한 불행의 장소가 되었습니다. 우리가 함께했던 모든 것은 친구가 없음으로 해서 괴로움일 뿐이었습니다. 내 눈은 어디서나 그를 찾았지만, 그는 어디에도 보이지 않았습니다. 그래서 나는 우리가 함께 했던 모든 장소를 싫어했습니다. 이제 거기에는 친구가 없기 때문입니다.

내 자신이 나에게는 하나의 큰 수수께끼였습니다. 나는 내 영혼에게 왜 이렇게 방황하는지 물었습니다. 그러나 나의 영혼은 어떠한 대답도 하지 않았습니다. 만약 내가 '완전한 자의 도우심을 기다리라'고 말하였다 하더라도 영혼은 따르지 않았을 것입니다. 왜냐하면 내 영혼에게 그리 말할 때, 그 완전한 자는 그림자이지만, 친구는 더 실제적이고 좋았기 때문입니다. 나에게 달콤한 것은 눈물뿐이었고, 눈물이 내 친구를 대신했습니다.

시간은 결코 쉬지 않지만 무의미하게 지나가지도 않았습니다. 시간은 우리의 마음에 경이로운 일을 하고 지나갑니다. 시간은 매일같이 왔다 가고, 그 오고 감으로 나에게 새로운 희망과 새로운 기억을 채워주었습니다. 조금씩 옛날의 즐거움을 되살리기도 하면서 나의 슬픔도 진정되어 갔습니다.

하지만 이것 또한 앞으로 다가올 슬픔의 씨앗이 되는 것에 불과했습니다. 친구를 잃은 슬픔이 내 안에 그렇게 깊숙이 파고든 것은, 내가 유한한 인간을 영원히 죽지 않을 것처럼 사랑하면서 그 친구에게 내 영혼을, 모래에 물을 들이붓듯이, 쏟아 부었기 때문이었습니다. 커다란 위안은 나의 사랑을 공유한 다른 친구들의 위로였습니다. 나는 완전한 자 대신에 헛되고 허황한 것들을 사랑했습니다.

내 친구는 죽었지만 허황한 이야기는 사라지지 않았습니다. 내 마음을 사로잡은 또 다른 것이 있었습니다. 우리는 같이 웃고 떠들면서 서로 친절을 베풀었습니다. 책이 주는 기쁨을 같이 나누고, 같이 심각해지기도 하고 같이 즐거워하기도 했습니다. 때로 의견이 불일치하기도 했지만 악의는 없었습니다. 인간은 의견이 서로 다를 수 있기에 가끔 발생하는 갈등은 우리의 통상적 일치에 일종의 감미료 같은 것이었습니다.

우리는 모두 서로에게서 배울 것이 있었고 서로 가르쳐줄 것도 있었습니다. 누가 멀리 가 있으면, 언제나 보고 싶어 했고, 돌아오면 반가이 맞았습니다. 이러한 것들은 친구 간에 애정의 표시로 생기는 것들입니다. 얼굴과 눈에 나타나고, 말로 표현되고, 친절한 행동으로 드러납니다. 우리의 마음을 녹여 하나로 만드는 불꽃같은 것이었습니다.

하지만 이러한 세상의 아름다움은 완전한 자에게로부터 온 것이 아닌 한, 존재하지 않았습니다. 태양처럼 나타났다 스러지곤 합니다. 시작이 있고, 완전을 향해 자라기도 하지만 이후에는 늙어 사라집니다. 모두 늙는다고 말할 수는 없지만 모두 사라지는 것은 확실합니다. 그러므로 그것들이 존재하기 시작할 때부터 시작하여 빨리 성장함은 이제는 존재하지 않을 곳으로 더 빨리 나아가는 것입니다. 이것이 바로 그것들의 존재 법칙입니다.

이것이 바로 완전한 자가 전체의 한 부분으로서의 그것들에게 지정한 운명입니다. 각 부분 모든 것이 동시에 존재하는 것이 아니라, 일부는 먼저 가고 다른 부분은 다음에 가고 하는 식으로 전체를 구성합니다. 우리 언어도 소리가 연결되면서 의미가 되는 마찬가지 규칙을 따릅니다. 각 음절이 모여서 형성된 각 단어가 다음으로 연결되지 않는다면 문장은 완결되지 않습니다.

육체의 감각을 통해서 우리가 느끼는 세상 것들에 대한 사랑이 내 영혼을 거기에 묶어 두어서는 안 됩니다. 이들은 제 갈 길을 다 간 후에 사라지고 맙니다. 영혼이 이들을 사랑하고 같이 있고 싶어 하며 그 안에서 안식을 얻는다면, 영혼은 결국 영혼을 파괴하는 욕망으로 갈가리 찢길 것입니다. 세상 것들에는 우리가 쉴 곳이 없고 결국은 사라질 것이기 때문입니다.

실로 어느 누구도 이들을 붙잡을 수 없습니다. 육체의 감각이란 느리고 자연의 제한 속에 존재하기 때문입니다. 육체의 감각은 만들어질 때의 본래 목적을 위해서는 완벽하고 충분하지만, 시작부터 끝까지 이미 정해진 잠정적인 사물의 진행을 막을 수는 없습니다. 그러한 모든 것들은 '여기가 시작이요, 여기가 끝이다'라는 완전한 자의 말씀으로 창조되었기 때문입니다.

'만일 이러한 것들이 너를 즐겁게 하면, 그로 말미암아 완전한 자에게 찬양하라. 너의 사랑을 그것들에게 돌리지 말고 그것을 만드신 이에게 돌려라. 너를 즐겁게 하는 것들로 완전한 자를 화나게 하지 말아야 한다. 사람들이 너를 기쁘게 하거든, 완전한 자 안에서 그들을 사랑하라. 사람들도 변하니, 완전한 자 안에 있을 때에만 변하지 않고 그대로 있을 수 있다. 그렇지 않으면 그들도 지나가고 사라진다. 그래서 완전한 자 안에서 그들을 사랑하고 가능한 한 많은 사람을 완전한 자에게 끌어올려야 한다. 그리고 그들에게 말하라.

완전한 자는 우리가 사랑해야 하는 유일한 존재이다. 그가 세상을 만드셨고 끝까지 지키신다. 그는 세상을 창조하시고 떠나지 않으셨다. 그로 말미암아 세상은 창조되었고, 또 모든 것은 그 안에 존재한다. 우리가 진리라고 아는 곳이라면 어디든지 완전한 자가 거기 계신다. 그는 우리 가슴 깊은 곳에 계시지만, 우리의 마음은 그를 떠났다. 믿지 않는 마음들아 다시 생각해서 너를 만드신 그분과 함께하라. 그와 함께하면 너는 타락하지 않을 것이며 그 안에서 안식을 얻고 평화가 같이 있을 것이다. 네 앞의 올가미와 함정은 어떤 것들인가. 너는 과연 어디로 가는가. 네가 사랑하는 모든 좋은 것은 완전한 자에게로부터 온 것이다.

하지만 그것도 완전한 자의 의지대로 사용될 때에만 선하고 달콤하다. 완전한 자가 거기서 빠지고 그가 창조한 사물만 사랑하면, 사물은 그 즉시 쓰디쓴 것으로 될 것이다. 왜 이렇게 고되고 힘든 길을 계속 선택하는가. 네가 찾는 곳에는 휴식할 곳이 없다. 죽음의 땅에서는 행복한 삶이 있을 수 없다. 거기 존재하지 않기 때문이다. 생명이 전혀 없는 곳에서 어떻게 삶이 행복하겠는가?

이제 우리의 생명 되신 존재가 이 세상으로 내려와서 죽음을 걷어가셨다. 그는 자신의 풍성한 삶으로 죽음을 처치하시고, 천둥 같은 목소리로 세상에서 자신이 있는 하늘로 돌아오라고 우리를 부르신다. 동정녀의 모태에 들어감으로써 하늘로부터 그가 우리에게 내려오시면서, 죽을 수밖에 없는 우리의 본성이 그와 결합하여 이제는 영원히 죽지 않게 되었다.

내 영혼아, 네가 사랑하는 사람들에게 이것을 말하라. 그들로 하여금 눈물의 골짜기에서 울게 하고, 그들을 완전한 자에게 이끌어라. 네가 이런 말을 할 때, 자비의 불길에 휩싸인다면, 이는 성령이 너를 그렇게 인도하신 것이다.'

그러나 그때 나는 이런 것들을 몰랐습니다. 나는 저차원의 질서에 대한 아름다움에 빠졌고, 이로써 나는 계속 아래로 끌려 들어갔습니다. 나는 친구들에게 이렇게 말하곤 했습니다.

"우리가 아름답지 않은 것을 사랑할 리 없다. 무엇이 아름다운 것이고 그 아름다움이란 어디에 존재할까? 우리를 이끌어 우리가 사랑하는 대상과 하나 되게 한 힘은 무엇일까?"

그 자체 안에 아름다움과 우아함이 없다면 과연 우리의 마음을 끌어당길 수 있는가? 내가 자세히 살펴보니, 전체를 구성하는 것에서 오는 아름다움도 있고 분리된 각 부분 간의 적절한 비율에서 드러나는 아름다움도 있었습니다. 후자의 예로서는 몸이 각 지체와 잘 맞는다든가 혹은 신발이 발에 잘 맞는다든가 하는 것들이었습니다.

석가모니가
주부를 만났다

석가모니

BC 624년 ~ BC 544년, 불교佛敎의 창시자

현모양처는
꿈이 될 수 없는가?

주부가 석가모니와 이야기했다.

주부: 어릴 때부터 꿈을 물으면 저는 주저 없이 '현모양처가 되는 것'이라고 답했던 기억이 납니다. 현모양처는 꿈이 될 수 없나요?

석가모니: 주부님은 현재 행복하신가요?

주부: 행복합니다. 다만 주위의 시선이 따가울 뿐입니다. 요즘은 다들 맞벌이를 해도 빠듯한데 집에서 빈둥대는 듯이 보이잖아요. 그리고 제 주위를 둘러보면 '이제 아이들도 어느 정도 키웠으니 새로운 일을 찾아 나서야 할 때'라며 이것저것 배우고 다니는 친구들이 많습니다. 그럴 때 가끔씩 제 꿈에 문제는 없는지 돌아보게 됩니다.

석가모니: 꿈 그리고 행복은 주관적인 가치의 문제입니다. 사실 모든 사람은 행복한 가정을 꿈꿉니다. 이것은 너무나 당연해서 꿈이라고 언급을 하지 않을 뿐입니다. 주부님이 현모양처라는 가치를 잊지 않고 지켜나가는 것은 남들이 부러워할 가장 소중한 꿈입니다. 꿈은 먼 훗날에 성취하는 것이 아닙니다. 그리고 다른 사람들에게 보여주기 위한 것도 아닙니다. 어렸을 때 뿌린 마음의 씨앗을 잊지 않고 가꿔나가는 것입니다. 그 가치를 더욱 가치 있게 하기 위한 공부나 직장생활은 꿈에 도움이 되겠지요. 그런데 다른 사람들의 시선 때문에 직장을 고려한다는 것은 다시 한 번 생각해 볼 문제입니다. 행복은 타인과 비교하는 순간 나로부터 떠나가기 때문입니다.

마음을 편안하게 해주는 것보다
더 좋은 보약은 없다

주부가 석가모니에게 물었다.

현모양처로서 가족들이 집에서나마 마음이 편안하도록 돕고 싶은데요. 좋은 비결이 있을까요?

석가모니가 말하였다.

가족들의 마음을 편안하게 하려면 먼저 당신부터 바가지를 긁지 않도록 노력해야 하며, 그 다음은 가족 모두가 허황된 욕심의 뿌리를 완전히 제거해야 합니다. 마음에 욕심의 때가 끼기 시작하면 헛것이 보이기 시작하며, 헛것은 소통에 이물질이 되어 화를 키우는 근원이 됩니다.

가령 남편 월급봉투를 가지고 시비를 건다든지, 자녀들 성적표를 가지고 씨름하는 것도 헛것을 만드는 욕심이란 것을 잊으면 안 됩니다. 따라서 가족 모두의 마음을 편안하게 하려면 실재만을 보고, 듣고, 나눌 수 있도록 도와야 합니다.

내 것과 남의 것을
구분하여라

주부가 석가모니에게 물었다.

'욕심을 버려라', '마음을 비워라', '허황된 것을 쫓지 마라'는 말을 많이 하는데요, 그 허황된 것이란 도대체 무엇을 뜻하는지 궁금합니다.

석가모니가 말하였다.

'맑은 공기'와 '탁한 공기'에 비유할 수 있습니다. 자연 상태에서 공기는 원래 맑았습니다. 하지만 물질문명이 발달할수록 각종 공해로 인하여 공기가 점점 탁해지고 있습니다.

여기서 공기의 본래 모습은 무엇일까요? 물론 맑은 공기입니다. 맑은 공기가 존재하기에 그것이 기준이 되어 탁한 공기라는 개념이 생겨난 것입니다.

사람의 마음도 이와 마찬가지입니다. 원래 '맑은 마음'인데 무분별한 물질문명의 삶 속에서 내 것인지 남의 것인지 구분하지 못하는 '탁한 마음'이 생겨난 것입니다. 이 탁해져서 기울어진 마음을 허황된 것이라고 표현한 것입니다.

허황된 마음이 생기는 경로를 살펴라

주부가 석가모니에게 물었다.

이미 허황된 마음을 지니고 있다면, 어떻게 이로부터 벗어날 수 있습니까?

석가모니가 말하였다.

만일 허황된 마음을 가지고 있다면, 열두 가지의 인식 프로세스를 관찰하게 하십시오. 열두 가지의 인식프로세스란 다음과 같습니다.

밝지 못하여 기울어지게 바라봄. 기울어지게 행동함. 기울어진 행동을 기억함. 기울어진 기억으로 사물을 개념화함. 기울어진 개념으로 보고, 듣고, 냄새 맡고, 맛보고, 느끼고, 생각함. 기울어진 감각에 예민함. 예민해진 부분을 받아들임. 기울어진 것에 욕정이 생김. 기울어진 욕정을 선택함. 욕정의 씨앗이 생겨남. 헛것이 자라남. 허황된 마음으로 굳어짐.

이것이 허황된 마음이 만들어지는 열두 가지 인식 프로세스입니다.

첫 번째 '밝지 못하여 기울어지게 바라봄'을 '밝아져서, 있는 그대로 바라봄'으로 바꾸어야 합니다.

주부는 동네북인가?

주부가 석가모니에게 물었다

주부는 괴롭습니다. 집안일은 해도 해도 끝이 없으며, 남편과 아이들은 이것저것 끝없이 요구만 할 뿐 고마워하지도 않습니다. 이럴 때면 집을 떠나 산속으로 들어가고 싶습니다. 주부는 이 모든 것을 참고 받아들여야 하나요?

석가모니가 말하였다

답답할 때 가끔은 산 속에서 휴식을 취하는 것도 좋죠. 하지만 집을 떠난다고 문제가 해결되지는 않습니다. 사실 모든 사람은 태어나는 순간부터 이 세상을 떠나기 전까지 고통을 안고 살아갑니다. 좋아하는 것을 충족해야 하는 고통, 싫어하는 것을 만나야 하는 고통, 좋지도 싫지도 않은 것을 해야 하는 고통 등 순간순간의 만남이 고통입니다. 그런데 고통을 잘 살펴보면 그 속에 삶의 목적이 있으며, 그 속에 행복이 숨겨져 있습니다.

식구들을 위해서 밥하고 빨래하고 청소하고 놀아주고 사랑해 주는 것, 그 속에 진리가 있습니다. 주부님께서는 매일매일 진리와 함께 있으면서도 그 진리의 빛을 아직 발견하지 못했을 뿐입니다. 그 진리의 빛을 보게 된다면 고통을 즐길 수 있는 여유가 생길 것입니다.

인식의
거울을 닦아라

주부가 석가모니에게 물었다.

진리의 빛을 본다는 것은 쉽지 않을 듯합니다. 진리의 빛을 보려면 먼저 마음이 밝아야 한다고 들었습니다. 마음이 밝아지려면 어떻게 해야 합니까?

석가모니가 말하였다.

마음이 밝아지려면 깊은 통찰을 통하여 인식의 거울을 깨끗하게 닦아야 합니다. 그래서 그 거울에 비친 나의 기울어진 마음 상태를 발견할 수 있어야 합니다. 물론 생각처럼 쉽지는 않을 것입니다. 일상의 바쁜 생활 속에서 깊은 통찰을 하며 거울을 닦는다는 것은 불가능해 보일 수도 있습니다.

하지만 마음이 밝아지는 내면의 통찰은 일상생활 속에서 사람들과 부딪치며 하는 것입니다. 사람은 자기에게 직접적인 자극이 있을 때 비로소 통찰을 하게 됩니다. 일상생활에서 화가 치밀어 올라올 때마다 자기 내면을 들여다보고 기울어진 인식의 거울을 닦는 것도 마음이 밝아지는 좋은 공부방법입니다.

밥그릇은 그냥 밥그릇일 뿐이다

주부가 석가모니에게 물었다.

주부들이 반복적으로 하는 일상생활을 왜 하는지 그 이유를 밝게 알 수 있다면 조금은 힘이 덜 들것이라는 생각이 듭니다.

인식의 거울을 깨끗하게 닦으려면 도구가 있어야 하지 않을까요? 마치 설거지를 하려면 수세미와 세제가 필요하듯이, 인식의 거울을 닦는 도구는 무엇일까요?

석가모니가 말하였다.

'이치'입니다. 이치는 보이지 않습니다. 이치에는 옳고 그름도 없습니다. 만일 옳고 그름이 있게 되면 곧 모든 망념이 생겨납니다. 온갖 생각과 모든 헤아림은 허망한 마음의 상입니다. 밥 먹고 난 후 밥그릇을 깨끗하게 씻으면 이물질은 보이지 않겠지요. 깨끗한 밥그릇은 그냥 밥그릇일 뿐입니다.

이와 마찬가지로 이치의 맑음에 들어가면 마음에 곧 허망함이 없게 됩니다. 만일 허망함이 없게 되면 곧 있는 그대로를 바라볼 수 있습니다.

이것이 '밝은 지혜'입니다. 지혜의 경지에 들어가게 되면 일체가 본래부터 일어나지 않는 것임을 잘 알 수 있으니, 본래 일어나지 않음을 알면 허황된 생각이 없어지게 됩니다.

미세먼지는 시원한 바람이 불면
자취를 감춘다

주부가 석가모니에게 물었다.

이치를 통하여 마음을 깨끗하게 닦으라는 말씀인데요. 본래의 맑은 마음은 어디에 있습니까?

석가모니가 말하였다.

본래의 맑은 마음은 있지도 없지도 않습니다. 허황된 것은 본래 일어나지 아니하여 쉽게 할 만한 허황됨이 없으며, 마음이 본래 없는 것임을 안다면, 그치게 할 만한 마음이 없다는 것도 알 수 있을 것입니다. 나뉨도 없고 다름도 없어서 현행의 인식이 일어나지 않습니다. 그치게 해야 할 일어남이 없으니, 이것이 곧 그침이 없는 것이며 또한 그침이 없는 것도 아닙니다.

왜냐하면 그침이 없다는 것을 그치기 때문입니다. 이것이 본래의 맑은 마음입니다. 암호처럼 들리겠지만 제가 말씀드린 것을 반복해서 음미해 보고 왜 이런 말을 하는지에 대해서 스스로 질문하고 답을 찾아보길 바랍니다. 미세먼지는 맑고 시원한 바람이 불면 스스로 자취를 감추는 법입니다.

마음이 밝아지면
정말 행복해질 수 있나요?

주부가 석가모니에게 물었다.

마음공부는 엄청 어렵네요. 저도 학교 다닐 때는 공부를 제법 잘한다는 소리를 들었는데요. 이 공부는 해도 해도 그 끝이 보이질 않습니다. 그런데 마음이 밝아지면 정말 행복해질 수 있을까요?

석가모니가 말하였다.

물론입니다. 그 까닭은 마음이 항상 청정하여, 참된 말로 방편을 삼아 밝은 지혜의 이익으로 남을 이롭게 하니, 모두가 존경합니다. 지극한 생각은 견고하여 마음이 항상 머무름이 없고, 청정하여 더러움이 없어서 허황됨에 집착하지 않으니, 신뢰를 얻을 수 있습니다. 마음에는 마음이라는 상이 없으나 허공을 취하지 않고, 모든 행위가 일어나지 않아, 마음에 출입함이 없어서 자기 본성이 항상 평등하고, 모든 이치의 실제가 다 본래의 모습이어서, 모든 지위에도 의지하지 않고 지혜에도 머물지 아니하니, 가장 편안하고 자유롭게 자신의 탁월성을 발휘할 수 있습니다.

마음이 밝아지는 공부는 그 누구도 대신해 줄 수 없습니다. 오로지 자기 자신과의 싸움을 통해서 스스로 확장하는 길 밖에 없습니다.

깨달음의 경지는 어떤 세계입니까?

주부: 어렸을 적부터 한 가지 궁금한 것이 있습니다. 사람이 공부를 많이 하여 깨닫게 되면 어떻게 되는 것이죠? 깨달음의 경지는 어떤 세계입니까?

석가모니: 깨달음의 경지는 없는 것입니다. 왜냐하면 얻음도 없고 깨달음

도 없다고 하면 이것이 바로 얼음이 있는 것이고, 얼음이 있으면 머무름이 있으니, 이렇다면 곧 일어남이 있게 됩니다. 깨달음을 얻었다는 생각을 일으켜서 얻는 바의 이치가 있다고 여기는 것은 모두 허황됨이 됩니다. 헛것을 보고 깨달았다고 하는 것은 착각일 뿐입니다. 사람은 그저 자고 일어나면 아침에 세수를 하듯이 항상 인식의 거울을 부지런히 닦을 뿐입니다.

주부: 이거 실망이 큰데요. 어렵게 마음공부를 하는 것은 깨달음을 얻고자 함인데, 깨달음의 경지가 없다니 이해가 되지 않습니다. 그리고 깨달음이라는 개념이 있는 것은 그 실재가 있기 때문이 아닐까요?

석가모니: 깨달음도 없고 일어남도 없는 마음은 그 마음에 시작이 없습니다. 이것은 마치 불의 자연본성이 비록 나무 가운데 처해 있지만 그 소재가 없는 것과 같으니, 본래의 모습이기 때문입니다. 단지 이름일 뿐이고 자연본성을 얻을 수 없으니, 그 이치를 나타내기 위하여 임시로 이름을 붙인 것이지만 이름 지을 수 없습니다. 마음의 상도 또한 그러하여 처소處所를 볼 수 없으니, 마음이 이와 같음을 안다면 마음을 일으킴이 없을 것입니다. 그렇기 때문에 깨달음의 세계도 임시의 이름일 뿐 실재가 아니라고 말한 것입니다.

깨끗한 물은
맛으로 표현할 수 없다

주부가 석가모니에게 물었다.

나는 누구일까요? 주부로 산다는 것은 무엇일까요? 본래의 모습에 대해서

구체적으로 알고 싶습니다.

석가모니가 말하였다.

참 어려운 질문입니다. 본래의 모습은 같지도 않고 다르지도 않으며, 단절되는 것도 아니고 불변하는 것도 아니며, 들어가는 것도 아니고 나오는 것도 아니며, 일어나는 것도 아니고 멸하는 것도 아니니, 모든 언어의 길이 끊어진 것입니다. 일어남이 없는 마음의 자기본성도 또한 이와 같으니, 어떻게 일어남과 일어나지 아니함, 깨달음이 있음과 깨달음이 없음을 말할 수 있겠습니까? 나는 그냥 나일 뿐이며 주부는 그냥 있는 그대로 주부일 뿐입니다. 깨끗한 물은 맛으로 표현할 수 없는 것입니다.

명상은 비우는 것이 아니라 밝아지는 것이다

주부가 석가모니에게 물었다.

요즘 명상을 통하여 선禪의 경지에 도달하도록 돕는 주부들을 위한 힐링 프로그램이 많습니다. 이런 교육은 마음공부에 도움이 될까요?

석가모니가 말하였다.

억지로 하는 마음공부는 도리어 마음을 분산시킵니다. 선禪이라고 함은 곧 움직임이 되니, 움직이지도 않고 선에 머물지도 않는 것이 본래의 선정입니다. 선정의 자기본성은 일어남이 없는 것으로서 선정을 내는 이미지를 떠난 것이며, 선정의 자기본성은 머무름이 없는 것으로서 선정에 머물려는 움직임을 떠난 것입니다. 선정의 자기본성은 움직임과 고요함이 없음을 알면 곧 본래의 밝음을 얻으며, 마음 또한 움직이지 아니하니, 이러한 지혜 때문에 평정심을 얻는 것입니다. 명상은 비우는 것이 아니라 밝아지는 것입니다.

힐링은 에너지의 균형을 찾는 작업입니다. 눈은 바른 것을 보아야 합니다. 귀는 바른 말을 들어야 합니다. 코는 바른 냄새를 맡아야 합니다. 입맛은 바른 것을 먹어야 합니다. 촉각은 바른 것을 좋아해야 합니다. 생각은 바른대로 해야 합니다. 마음은 맑아야 합니다. 이것이 에너지를 균형 있게 사용하는 것입니다.

건강한 몸의 기준은 자신에게 있다

주부가 석가모니에게 물었다.

마음공부를 하려면 그 기준이 필요하다고 생각합니다. 그 기준은 어디에서 찾아야 하나요? 깨달음의 기준은 어디에서 오는가요?

석가모니가 말하였다.

깨달음의 기준은 어디에서 오는 것이 아닙니다. 비유하자면 다음과 같습니다. 어리석은 한 아들이 손에 금전을 쥐고 있으면서도 가지고 있는 줄 알지 못하고, 온갖 곳으로 돌아다니며 오십 년을 지냈습니다. 가난하고 궁핍하며 곤란하고 괴로워져서 일을 구하여 몸을 유지하려 하였으나 충분하지 않았습니다. 아버지가 아들에게 말했습니다.

"너는 금전을 지금 손에 가지고 있으면서 어째서 사용하지 않느냐? 네 뜻대로 사용하면 모두 충족함을 얻을 것이다."

아들이 깨닫고 나서 금전을 얻어 마음으로 크게 기뻐하며 돈을 얻었다고 말하였습니다. 아버지가 말했습니다.

"어리석은 아들아, 기뻐하지 말아라. 얻은 바의 금전은 네가 본래 가지고 있던 물건이지 네가 얻은 것이 아니니, 무엇이 기뻐할 만하겠느냐."

생각의 일어나지 않음을 깨달아 그 마음이 편안하고 태연한 것은 바로 깨달음의 이익입니다. 그 이익은 움직임이 없어서 항상 존재하여 없어지지 않지만, 없어지지 않은 데에 있는 것도 아니며, 깨달음이 없는 것도 아니나 깨달음이 있는 것도 아닙니다.

깨달음이 없음을 아는 것이 본래의 이익이며 본래의 깨달음이니, 깨달음이라는 것은 청정하여 더러움이 없으며, 변화하지 않고 바뀌지 않으니, 본래의 모습이기 때문입니다.

바람을 일으키는 사람이 되지 말고 불어오는 바람도 흘려보내라

주부가 석가모니에게 물었다.

가정에서 가족들과 생활을 하다 보면 마음이 하루에도 열두 번씩은 바뀝니다. 마음이 흔들리지 않도록 잡으려면 어떻게 해야 합니까?

석가모니가 말하였다.

마음이 헐떡거리는 것은 안팎의 번뇌가 흘러 모여 물방울들이 바다를 이루고, 하늘의 바람이 바다를 두드려서 물결치게 하며 큰 용을 놀라게 하니, 놀란 마음 때문에 매우 헐떡거리게 되는 것입니다.

마음이 대상을 있는 그대로 관찰하여 고요함에 들어가게 해야 하니, 선정 때문에 마음이 곧 헐떡거리지 않게 됩니다. 당신에게 누군가 신경을 건드리면 그것에 예민하게 반응하지 말고 그냥 흘려보내는 연습을 하십시오. 더구나 당신은 어떤 경우에도 다른 사람에게 바람을 일으키는 사람이 되지 마십시오. 바람이 불어오면 잡으려 말고 그냥 흘려보내십시오. 그것이 마음을 잡는 방법입니다.

깨달음은
일상생활 속에 있다

주부가 석가모니에게 물었다.

주부는 딱히 하는 일이 없는 듯이 보이지만, 한 순간도 가사일로부터 자유롭지 못합니다. 핑계로 들리겠지만 마음공부에 집중할 수가 없습니다. 공부에 집중할 수 있는 좋은 방법이 없을까요?

석가모니가 말하였다.

마음과 현상이 둘이 아닌 것을 간직하는 작용이라고 하며, 안의 행위와 밖의 행위에 나오고 들어감이 다르지 않고, 하나의 이미지에 머물지 아니하여 마음에 얻고 잃는 것이 없어서 하나이면서 하나가 아닌 경지에 마음을 깨끗이 하여 흘러 들어가는 것을 '관찰'한다고 하는 것입니다.

일상생활 속에서 있는 그대로를 관찰하는 사람은 앞과 뒤가 다르지 아니하니, 비록 집 떠나서 공부한다고 요란 떨지 않았더라도 집에서 무의미하게 머무는 것이 아닙니다.

그러므로 비록 복장을 갖추지 않고, 계율을 갖추어 지니지 않으며, 종교의식에 들어가지 않더라도 자기의 마음을 무위하고 자제하게 하여 성인의 과보를 얻을 수 있으니, 이승에 머물지 않고 깨달음에 들어가서 뒤에 마땅히 지위를 채워서 밝고 맑은 이치를 이룰 수 있는 것입니다.

생각을 바꾸면 일상생활 속에서 가장 정직한 마음공부를 할 수 있습니다.

아침에 눈 비비고 일어나서 세수하는 것도 깨끗해지는 공부입니다. 가족들을 위하여 정성껏 아침식사를 준비하는 것도 하늘과 땅과 사람을 만나게 하는 공부입니다. 집안의 구석구석을 청소하는 것도 내 것 아닌 것을 버리는 비움의 공부입니다. 아이들 등교시키고 여유롭게 차 한 잔 마시는 것도 삶을 음미하는 공부입니다. 동네 아주머니들과 모여 수다를 떠는 것도 세상을 배우는 공부입니다. 시장에서 장보기를 하는 것도 서로가 서로를 살리는 공부입니다. 알고 보면 생활이 곧 공부입니다.

책은
문자일 뿐이다

주부가 석가모니에게 물었다.

주부들은 이것저것을 동시에 진행해야 할 일이 많다 보니 생각이 복잡하고 분산될 수밖에 없습니다. 따라서 대상을 집중해서 관찰하고 선택하기가 쉽지 않습니다. 대상을 있는 그대로를 관찰하려면 책을 많이 읽어야 합니까?

석가모니가 말하였다.

책을 통하여 밝음의 세계를 설명하는 까닭은 일반사람들이 고정관념에 사로잡혀 있거나 욕심에 치우쳐서 대상을 왜곡하여 바라보기 때문입니다. 그러한 밝음의 세계는 원래 말로 설명하기 어렵지만 어쩔 수 없이 설명하는 것입니다.

내가 설명하여 전달하려는 것은 생명력이 있는 참 밝음의 세계를 나타낸 말이요 거짓 문자가 아니지만, 일반사람들이 설명하는 것은 문자만 나타내는 말이요 생명력이 느껴지는 참 밝음의 세계가 아닙니다. 밝음을 나타내지 못하는 말은 모두 공허한 것이고, 공허한 말은 밝음을 설명하지 못하니, 밝음을 설명하지 못하는 것은 모두 허망한 말입니다.

진실한 밝음을 나타내는 말은 실상이 공적하면서도 공적하지 않고, 공적함이 실재하면서도 실재하지 아니하며, 두 가지 길을 떠났으면서 중간에도 맞지 않습니다. 중간에도 맞지 않는 이치는 세 가지 길을 떠나서 처소를 볼 수 없으니, 있는 그대로를 관찰하는 의리에 부합하는 말입니다.

진리는 있음을 없애지 아니하니 어찌 없음에서 있음을 없애겠으며, 진리는 없음을 두지 아니하니 어찌 있음 가운데 없음을 두겠는가? 있음과 없음이 있지 아니하니, 있지 아니함을 설명하기 때문에 진리를 두지 않습니다. 진리는 진리를 두지 아니하며 진리를 없애지도 않는다고 말해야 합니다. 즉 다시 말하면 언어는 다른 사람들이 말하는 헛것이니 언어에 갇히지 말고 반드시 스스로 질문하여 밝음을 터득하라는 이야기입니다.

있는 그대로를
관찰하라

주부가 석가모니에게 물었다.

책을 통하여 밝고 맑아질 수 있는 공부를 하는데도 한계가 있다고 하셨는데요. 그렇다면 있는 그대로를 관찰할 수 있는 구체적인 공부방법은 없습니까?

석가모니가 말하였다.

첫째는 믿는 것입니다.

이 몸 가운데 있는 참 마음이 허황된 것에 의하여 가려져 있으나 허망한 마음을 떨쳐 버리면 맑은 마음이 깨끗해짐을 믿고, 모든 경계가 언어의 분별임을 아는 것입니다.

둘째는 사색하는 것입니다.

'사색한다'는 것은, 모든 경계는 오직 언어로써 말로 분별하여 생각대로 나타나서 보는 바의 경계가 나의 본래 모습이 아님을 관찰하는 것입니다. 이 본래 모습은 이치도 아니고 밝음도 아니며, 취하는 대상도 아니고 취하는 주체도 아님을 알아야 할 것입니다.

세 번째는 수련하는 것입니다.

닦는다는 것은 항상 일으키는 것으로, 일어남과 동시에 닦아야 하는 것이니, 먼저 지혜로써 인도하여 모든 장애와 어려움을 밀어내어 번뇌로부터 벗어납니다.

넷째는 행동으로 옮기는 것입니다.

실천이라는 것은 모든 수행의 지위를 떠나 마음에 취하거나 버림이 없어지는 것이니, 매우 맑은 뿌리 기운이 예리하게 됩니다. 마음을 움직이지 아니하여 있는 그대로를 보게 되고, 결정된 진실한 모습이며, 큰 깨달음으로서 오직 자기본성은 공적하며 광대합니다.

다섯째는 털어버리는 것입니다.

'버린다'는 것은 자기본성의 공적함에 머물지 않고 바른 지혜가 흘러 변화하는 것이며, 자비의 깨끗한 마음은 그 마음이 있는 그대로 머물지 않는 것이고, 깨달음에 마음을 비워 증득하였다고 여기지 아니하는 것입니다. 마음에 거울이 없어서 처소를 볼 수 없으니, 이것은 진정한 밝음에 이른 것입니다.

부부는 인연이 아니라
사랑의 꽃이다

주부가 석가모니에게 물었다.

삶은 인연의 연속이라는 생각이 듭니다. 태어나는 순간부터 자신의 의지와 상관없이 부모와 인연을 맺습니다. 부모라는 인연 때문에 형제와 자매와도 인연을 맺습니다. 성장하면 이웃과 친구 그리고 직장에서도 인연을 맺습니다. 그 많은 인연 가운데 부부라는 인연은 특별한 의미가 있는 듯합니다. 부부로 만나는 것은 어떤 인연일까요?

석가모니가 말하였다.

인연은 없는 것으로서 일어나지 않으니, 일어나지 않기 때문에 없어지지도 않습니다. 인연을 집착하여 있다고 하는 것은 마치 허공 중의 꽃을 따려는 것과 같고, 아이를 낳을 수 없는 부인이 자식을 취하려는 것과 같아서, 끝내 얻을 수 없습니다.

만일 이치가 인연緣에 의하여 일어나는 것이라면, 인연을 떠나서는 이치가 없어지게 됩니다. 이치의 본성은 없는 것인데 어떻게 인연이 이치를 일으킬 수 있겠습니까?

부부는 인연이 아니라 사랑의 꽃입니다.

노자가
과학자를 만났다

노자

BC 6세기경에 활동한 중국 제자백가 가운데 하나인 도가사상道家思想의 창시자

자연의 이치는
눈으로 보이는 세계인가?

과학자가 노자에게 물었다.

과학은 눈에 보이는 세계를 인과적으로 밝히고 설명하는 학문입니다. 그런데 선생님께서는 자연의 이치를 설명하십니다. 그렇다면 이치는 눈에 보이는 세계입니까. 아니면 눈에 보이지 않는 세계입니까?

노자가 말하였다.

자연의 이치는 눈에 보이는 세계도 아니고, 눈에 보이지 않는 세계도 아닙니다. 자연의 이치를 사람이 이치라고 규정했을 때는 참 이치가 아니며, 사물을 사람이 개념화해 버리면 사물의 본성을 잃습니다. 자연은 사람보다 먼저 존재하였으며, 사람은 치우치는 경향이 있기 때문입니다.

보이지 않는 세계는 하늘과 땅의 시작이요, 보이는 세계는 만물의 어머니입니다. 그러므로 항상 보이지 않는 세계에서 이치의 오묘함을 보아야 하며, 보이는 세계에서 이치의 광대무변함을 보아야 합니다. 이 둘은 같은 데에서 나왔지만 이름을 달리합니다. 이 둘을 하나로 말할 때에는 '신비하다'라고 말합니다. 이 둘은 신비하고 또 신비하니 모든 이치가 나오는 문입니다.

아름답다고 여기는 것도
자연의 기준에서 보면 추하다

과학자가 노자에게 물었다.

사람들의 선善과 자연의 선善은 어떻게 다른가요?

노자가 말하였다.

천하의 모든 사람이 아름다움을 아름답다고 여기지만 자연의 기준에서 보면 이것은 추하게 보입니다. 사람들은 모두 선한 것을 선하게 생각하지만 자연의 기준에서 보면 이것은 선하지 않습니다.

원래 있음과 없음은 서로 생겨나고, 어려움과 쉬움은 서로 이루고, 길고 짧음은 서로 비교되며, 높고 낮음은 서로 기울고, 음과 소리도 서로 어울리고, 앞과 뒤도 서로 이어지게 됩니다.

그러므로 자연의 선을 추구하는 사람은 자연스러운 태도로 세상의 일을 처리하고 말없는 가르침을 행합니다. 만물을 만들지만 이에 상관하지 않고, 성장하게 하지만 소유하지 않으며, 기르고도 자기 자랑을 하지 않고, 공을 이루고도 높은 자리에 있지 않습니다. 오직 높은 자리에 있지 않기 때문에 자연의 공은 영원히 소멸되지 않습니다.

지구온난화는
영리한 자의 작품이다

과학자가 노자에게 물었다.

지금 지구촌에는 과학문명의 이기 때문에 온난화 문제로 골머리를 앓고 있습니다. 선생님께서 과학자라면 이 문제를 어떻게 해결하시겠습니까?

노자가 말하였다.

훌륭하다는 사람을 숭상하지 않음으로써 사람들이 다투지 않게 하고, 과학문명의 도구들을 귀하게 여기지 않음으로써 사람들이 서로 경쟁하지 않도록 할 것입니다. 욕심내는 것을 연구하지 않음으로써 사람들 마음을 어지럽게 하지 않을 것입니다.

과학문명의 욕심으로 찌든 마음을 비우게 하여 자연의 몸을 회복하고, 과학문명에 의지하려는 뜻을 약하게 하여 그 뼈를 튼튼하게 할 것입니다.

언제나 사람들이 무지무욕無知無欲하게 하여 이른바 영리한 자가 아무것도 할 수 없게 할 것입니다.

이렇게 자연스러움을 행하면 지구온난화 문제는 사라질 것입니다.

자연의 이치는 텅 비었지만 아무리 사용해도 비지 않는다

과학자가 노자에게 물었다.

자연의 힘은 어디에서 나오는 걸까요?

노자가 말하였다.

자연의 이치는 텅 비었지만 이를 사용해도 다 채워지지 않습니다. 깊고 깊어 만물의 근원과 같습니다. 날카롭고 뾰족한 끝을 누그러뜨리고, 엉킨 것을 풀고, 눈부신 빛을 부드럽게 하며, 세상의 티끌과도 함께하니, 밝고 맑아서 혹 무언가 있는 것 같기도 합니다.

나는 그것이 누구의 아들인지 모르지만, 사람들이 말하는 하느님보다 먼저인 것은 알 것 같습니다.

교만해지면
스스로 허물을 남기게 된다

과학자가 노자에게 물었다.

과학은 '쉽고, 빠르고, 편리하게'라는 가치를 추구합니다. 그러다 보니 만족이란 있을 수 없으며, 경쟁과 싸움의 굴레에서 벗어날 수가 없습니다. 이 굴레로부터 벗어나려면 어떻게 해야 합니까?

노자가 말하였다.

가장 훌륭한 선善은 물과 같습니다. 물은 만물을 이롭게 하고 다투지 않으며, 모든 사람이 싫어하는 곳에 머물기 때문에 자연에 가깝습니다.

거처로는 낮은 땅을 좋다고 하고, 마음은 깊은 것을 좋다고 하고, 사귀는 데는 어진 것을 좋다고 하고, 말은 진실한 것을 좋다고 하고, 정치는 정의로움을 좋다고 하고, 일에는 효과 있는 것을 좋다고 하고, 움직임은 때에 맞음을 좋다고 합니다.

오로지 싸우지 않은 고로 허물이 없습니다.

가지고 있는데도 더 채우려 드는 것은 그만두는 것만 못하며, 갈아서 더욱더 날카로워지면 오랫동안 보존할 수 없습니다. 금과 옥이 집에 가득 있어도 이것을 능히 지킬 수 없으며, 부귀하여 교만해지면 스스로 허물을 남기게 됩니다.

공을 세우고 스스로 물러나는 것이 하늘의 법칙입니다. 이 하늘의 법칙을 따르는 것이 만족하면서 살 수 있는 가치의 길입니다.

문명의 이기에 소중한 몸을 맡기지 마라

과학자가 노자에게 물었다.

과학의 역할은 인간의 풍요로움과 행복입니다. 그러나 과학문명이 발달할수록 인간은 더욱더 문명의 이기에 목마름을 호소하고 있으며, 마음의 밭은 황폐화되고 있습니다. 그 원인이 무엇인지 알고 싶습니다.

노자가 말하였다.

다섯 가지의 화려한 색깔은 사람의 눈을 멀게 하고, 다섯 가지의 아름다운 소리는 사람의 귀를 먹게 합니다. 다섯 가지의 좋은 맛은 사람이 입맛을 버리게 합니다.

각종 오락게임과 무분별한 SNS 정보물을 접하는 것은 사람의 마음을 광분 狂奔하게 만들고 값비싼 물건을 만들어 유통하는 것은 사람의 행실을 그르치게 합니다.

그러므로 지혜로운 사람은 자기 몸을 기준으로 배를 채울 뿐 문명의 이기에 자기의 소중한 몸을 맡기지 않습니다.

근원으로 되돌아가는 것을
고요함이라고 한다

과학자가 노자에게 물었다.

사람은 자연에서 태어나서 자연에서 살다가 자연으로 되돌아간다는 말이 있습니다. '자연의 본성'에 대해서 알고 싶습니다.

노자가 말하였다.

보아도 보이지 않는 것을 이름하여 이夷라고 합니다.

들려도 들리지 않는 것을 이름하여 희希라고 합니다.

잡아도 잡히지 않는 것을 이름하여 미微라고 합니다.

이 세 가지는 끝까지 밝힐 수 없으므로 통틀어서 하나라고 합니다. 그 하나는 윗부분이 더 밝은 것도 아니고 아랫부분이 더 어두운 것도 아닙니다. 끊임없이 길게 이어져 무엇이라고 이름 지을 수도 없습니다.

결국 아무것도 없는 없음의 세계로 되돌아갑니다. 그러므로 이것을 형체가 없는 이치라고 하며, 물체가 없는 이치라고 합니다. 이것을 일러 황홀恍惚이라고 할 수 있습니다. 앞에서 마주 보아도 그 머리를 볼 수 없고, 뒤에서 보아도 그 꼬리를 보지 못합니다.

아주 옛날 자연의 이치를 가지고 지금의 일을 다스린다면 능히 태초를 알 수 있을 것입니다. 이것을 이치의 본질이라고 합니다. 완전히 비어서 참된 고요함을 돈독히 합니다.

만물이 서로 아우르며 자라나는 데에는 그것들이 고요한 상태로 되돌아가는 것을 봅니다. 싱싱하고 무성하게 자란 것들도 결국은 제각기 자기 뿌리로 되돌아갑니다. 근원으로 되돌아가는 것을 '고요함'이라고 합니다. 이것을 말하여 자기 본성으로 되돌아간다고 합니다.

자기 본성을 찾아가는 것은 영원한 일입니다. 영원한 것을 아는 것이 참다운 지혜입니다. 영원한 것을 알지 못하면 함부로 행동하여 결국은 재난을 불러들입니다. 영원한 것을 알면 너그러워집니다. 너그러워지면 공평해집니다. 공평해지면 주인이 될 수 있으며 주인이 되면 곧 하늘이 됩니다. 하늘이 되면 바로 자연의 이치가 되는 것입니다. 자연의 이치와 같이 되면 영원히 살 수 있습니다. 죽을 때까지 위태로울 것이 하나도 없습니다.

이것이 자연의 본성입니다.

인공지능은 인간의 본성을 이기지 못한다

과학자가 노자에게 물었다.

인공지능의 발달은 미래사회에 다양하게 영향을 끼칠 것으로 생각합니다. 선생님은 인공지능의 발달을 어떻게 보십니까?

노자가 말하였다.

인공지능은 사람의 본성을 넘어설 수 없습니다.

발끝으로 서는 사람은 오래 설 수 없으며, 다리를 벌리고 걷는 사람은 오래 걸을 수 없습니다.

스스로 나타내는 사람은 밝지 못하고, 스스로 옳다는 사람은 드러나지 못하며, 스스로 자랑하는 사람은 공이 없으며, 스스로 뽐내는 사람은 오래 가지 못합니다.

자연의 입장에서 보면 억지스러운 것은 찬밥이고 쓸모없는 물건에 지나지 않습니다. 인공지능은 돈벌이에 혈안이 되어 있는 소수는 좋아하지만 지구촌의 대다수는 이것을 미워합니다. 그러므로 자연의 이치를 아는 사람이라면 인공지능보다는 사람의 본성을 살리는 데 에너지를 쏟을 것입니다.

과학자는 무엇을 연구해야 하는가?

과학자가 노자에게 물었다.

과학자는 무엇을 대상으로 삼아 연구를 해야 합니까?

노자가 말하였다.

어떤 것이 있는데 혼돈 속에서 만들어졌습니다. 그것은 하늘과 땅보다 먼저 생겼으며 소리도 없고 모양도 없지만, 홀로 우뚝 서 있으며 언제까지나 변하지 않습니다. 두루 어느 곳이나 번져 나가며 절대로 멈추는 일이 없으니 우주의 어머니라고 할 수 있습니다.

나는 그 이름을 모릅니다. 다만 자연의 이치라고 불러 봅니다. 구태여 이름을 붙인다면 '크다'라고 하겠습니다.

크다고 함은 끝없이 뻗어 나간다는 것, 끝없이 뻗어 나간다 함은 아주 멀리멀리 나간다는 것, 아주 멀리멀리 나간다 함은 다시 되돌아옴을 말합니다. 그러므로 이치도 크고 하늘도 크고 땅도 크고 사람도 또한 큽니다.

세상에는 네 가지 큰 것이 있는데, 사람도 그 가운데 하나입니다. 사람은 땅을 본받고, 땅은 하늘을 본받고, 하늘은 이치를 본받고, 이치는 자연스러움을 본받습니다. 따라서 과학자는 자연스러움을 연구의 대상으로 삼아야 합니다.

셈을 잘하는 사람에겐 계산기가 필요 없다

과학자가 노자에게 물었다.

과학은 구체적인 규명이 생명입니다. 그런데 선생님이 말하는 자연의 이치는 너무 추상적입니다. 자연의 이치를 깨닫게 되면 어떤 유용함이 있습니까?

노자가 말하였다.

참으로 잘 달리는 사람은 발자국을 남기지 않습니다.

참으로 잘하는 말에는 흠이 없습니다.

참으로 셈을 잘하는 사람에겐 계산기가 필요 없습니다.

참으로 잘 닫힌 문은 빗장이 없어도 열지 못합니다.

참으로 잘 맺어진 매듭은 졸라매지 않아도 풀리지 않습니다.

그러므로 자연의 이치를 깨달은 사람은 언제나 사람들을 잘 구제救濟하고 버리는 사람이 전혀 없습니다. 물건을 잘 아끼고 버리지 않습니다. 이것을 말하여 밝음을 터득했다고 합니다. 그러므로 밝은 사람은 밝지 못한 사람의 스승이고, 밝지 못한 사람은 밝은 사람의 거울입니다.

스승을 소중하게 여기지 않는 사람은 비록 자기가 지혜롭다고 내세워도 이는 크게 어리석은 사람입니다. 이것이 바로 신비로운 자연이치의 유용한 점입니다.

밝은 이치는
어두운 것처럼 보인다

과학자가 노자에게 물었다.

인류의 역사를 보면 '평화의 시대'보다는 '전쟁의 시대'가 더 많았습니다. 지금도 지구촌 곳곳에서는 테러와 전쟁이 일어나고 있습니다. 모든 인간이 평화롭게 살기 위해서는 어떠한 덕이 필요합니까?

노자가 말하였다.

훌륭한 학자는 자연의 이치를 들으면 힘써 행하고, 보통의 학자는 자연의 이치를 들으면 반쯤은 믿고 반쯤은 의심합니다. 못난 학자는 자연의 이치를 들으면 비현실적이라며 크게 비웃습니다. 못난 학자로부터 비웃음거리가 되지 않으면 자연의 이치라고 할 수 없습니다. 그러므로 옛날부터 이런 말이 전해져 옵니다.

밝은 이치는 어두운 것처럼 보이고, 나아가는 이치는 물러가는 것같이 보이고 평탄한 이치는 우둘두둘하게 보입니다.

으뜸가는 덕은 골짜기같이 보이고, 가장 깨끗한 덕은 더러운 것같이 보이고, 넓은 덕은 부족한 것같이 보이고, 굳센 덕은 보잘것없어 보이고 알찬 덕은 텅 빈 것같이 보입니다.

큰 네모는 모퉁이가 없이 보이고, 큰 그릇은 완성됨이 없이 보이고, 큰 음악은 소리가 없이 보이고, 큰 모습은 모양이 없이 보입니다. 이치는 숨어 있어 이름이 없지만 이치이기 때문에 잘 베풀어주고 잘 이루어집니다.

예로부터 하나를 얻은 것들이 있습니다. 하늘은 하나를 얻어 맑고, 땅은 하나를 얻어 편안하며, 신神은 하나를 얻어 신비스럽고 골짜기는 하나를 얻어 가득하고 온갖 덕은 하나를 얻어 자라나고 남자와 여자는 하나를 얻어 세상의 어른이 되는데, 이 모든 것이 하나의 큰 덕德입니다.

하늘이 맑지 못하면 무너지고, 땅이 평안하지 못하면 뒤집혀집니다. 신이 신비스럽지 못하면 사라질 것이고, 계곡이 가득 차지 못하면 마를 것이며, 온갖 것이 자라나지 못하면 없어질 것입니다.

가장이 고귀하지 못하면 집안이 쓰러질 것입니다. 그러므로 귀함은 천함을 뿌리로 삼고 높음은 낮음을 터로 삼습니다. 그러므로 지혜로운 사람은 자기를 외롭다, 덕이 부족하다, 보잘것없는 사람으로 부릅니다.

이것이 바로 천함을 근본으로 삼은 것이 아니겠습니까? 세상 사람들이 욕심내는 것들은 소중한 것이 아닙니다. 아름다운 옥처럼 빛나려 하지 말고 볼품없는 돌과 같이 되어야 합니다.

내 몸으로
남의 몸을 보아라

과학자가 노자에게 물었다.

과거와 달리 지금은 연구할 것이 너무 많습니다. 지식과 기술은 폭발적으로 증가하고 있으며, 사회문제는 더욱더 복잡하게 얽혀 있습니다. 불확실의 시대를 지혜롭게 대처할 방법은 없을까요?

노자가 말하였다.

저마다 정의를 앞세워 나라를 다스리고 기발한 아이디어로 산업을 움직이지만, 천하를 다스릴 때는 자연스럽게 해야 합니다.

내가 어떻게 그것을 알겠습니까? 바로 자연의 이치로 알 수 있습니다.

세상에 금지하고 가리는 것이 많을수록 사람들은 더욱 가난해지고, 힘 있는 사람들이 권모술수를 많이 쓰면 나라는 더욱 혼란해집니다. 머리 좋은 사람들이 간교한 꾀를 많이 부리면 괴상한 일들이 자꾸 생기고 법이 엄해지면 범죄가 더욱 많아집니다.

그러므로 옛날에 지혜로운 사람은 말하기를 '내가 아무것도 하지 않으면 사람들은 저절로 교화되고, 내가 고요함을 좋아하면 사람들은 저절로 바르게 되고, 내가 아무 일도 꾸미지 않으면 사람들이 저절로 부유해지고, 내가 욕심을 내지 않으면 사람들은 저절로 소박해진다'라고 했습니다.

잘 세워진 덕德은 뽑히지 않고, 잘 간직된 이치는 빠져 나가지 않습니다.

이렇게 하면 개인과 국가는 에너지를 낭비하지 않아 모두가 평화롭고 행복한 삶을 살 수 있습니다.

이러한 이치로 내 몸을 닦으면 그 덕은 반드시 참되고, 이러한 이치로 집을 닦으면 그 덕은 반드시 넘치고, 이러한 이치로 직장을 경영하면 그 덕이 영원히 전해지고, 이러한 이치로 나라를 경영하면 그 덕이 풍성해지고, 이러한 이치로 인류를 경영하면 그 덕은 넓게 퍼져 나갈 것입니다.

그러므로 내 몸으로 남의 몸을 보고 내 집으로 남의 집을 보며, 내 직장으로 남의 직장을 보고, 내 나라로 남의 나라를 보고, 지금의 천하로 과거와 미래의 천하를 보아야 합니다.

내가 무엇으로 모든 천하가 그렇다는 것을 알 수 있겠습니까?

바로 이러한 자연의 이치를 통해서입니다.

잘 하려는 사람은 실패하고
꽉 잡으려는 자는 놓친다

과학자가 노자에게 물었다.

지금 대한민국은 과거 춘추전국시대만큼이나 복잡하고 경쟁이 치열합니다. 어린아이부터 노인에 이르기까지 잘 살아보겠다는 목표를 두고 혼신의 노력을 기울이고 있습니다. 그러나 모두에게 기회를 주지는 않습니다.

요즘은 1등도 불안을 느끼는 시대로 치닫고 있는 분위기입니다. 과학자라는 길도 마찬가지입니다. 이미 앞서 있는 선진국을 따라잡기란 여간 어려운 일이 아닙니다. 지금까지는 서구의 과학기술을 맹목적으로 수용하는 데 급급하였습니다.

이제는 하늘과 땅과 사람이 공존하는 새로운 과학프레임을 요청하는 시대로 전환하고 있습니다. 그렇다면 진정으로 훌륭한 과학자 되기 위한 자세에 대해서 듣고 싶습니다.

노자가 말하였다.

안정된 것은 지니기 쉽고 조짐이 없는 것은 처리하기 쉽습니다. 무른 것은 풀어지기 쉽고 미세한 것은 흩어지기 쉽습니다. 일은 생기기 전에 처리하고 뒤틀리기 전에 대비해야 합니다.

한 아름 나무도 털끝 같은 싹에서 생기고 63빌딩도 땅바닥에서 쌓아졌으며 천 리 길도 발밑에서 시작됩니다. 잘 하려는 사람은 실패하고 꽉 잡으려는 자는 놓칩니다. 그러므로 지혜로운 사람은 잘 하려고 하지 않으므로 실패하지 않으며, 집착하지 않으므로 잃지 않습니다.

사람들은 일을 할 때 언제나 일이 다 될 즈음에 실패합니다. 끝을 조심하기를 처음처럼 한다면 실패하는 법이 없습니다. 그러므로 지혜로운 사람은 욕심이 없기만을 바라고, 얻기 어려운 보물을 귀하게 여기지 않으며, 지식이 아닌 배움을 배워서 뭇사람들이 잘못하는 바를 회복하여 만물의 자연스러움을 도울 뿐 감히 세상의 일을 인위적으로 하지는 않습니다.

이치가 문제일까?
내가 문제일까?

과학자가 노자에게 물었다.

과학자는 주로 사물을 연구합니다. 사물은 감정이 없습니다. 감정을 배제하고 사물을 대하는 것은 그래서 편합니다. 그런데 가정생활에서 부부나 자녀와 관계를 맺을 때는 감정이 개입됩니다. 특히 가족구성원들 사이에 가치관이 서로 다를 때는 어떻게 대응을 해야 할지 막막할 때가 많습니다. 선생님의 생활신조는 무엇인지 궁금합니다.

노자가 말하였다.

세상 사람들은 모두 나의 이치는 너무나 커서 만물과 같을 수 없다고 말합니다. 오직 크기 때문에 같을 수가 없습니다. 만약에 세상 사람들의 생각과 같다고 한다면 이치는 이미 오래 전에 작게 되었을 것입니다.

나에게는 세 가지 보물이 있는데 잘 간직하여 보존하고 있습니다.

첫째는 자애慈愛요, 둘째는 검소함이요, 셋째는 감히 세상의 앞에 나서지 않음입니다.

자애로우므로 용감할 수 있고, 검소하므로 넓게 펼 수 있으며, 감히 세상의 앞에 나서지 않으므로 만물의 으뜸이 될 수 있습니다. 그런데 자애를 버리고 용감하기만 하고, 검소함을 버리고 베풀기만 하고, 뒤에 서는 태도를 버리고 앞서기만 한다면 모든 것이 멸망하고 말 것입니다.

자애로 싸우면 승리하고, 자애로 지키면 견고합니다. 하늘도 장차 사람들을 구하고자 하면 자애로 그들을 지켜주는 법입니다.

박학한 자는
참된 앎이 없다

과학자가 노자에게 물었다.

요즘은 대학을 졸업해도 취업이나 창업이 어렵습니다. 전문적인 지식과 기술을 숙달시켜 배출하지만 사회에서는 냉담한 반응입니다. 보다 경쟁력 있는 인재를 만들려면 어떻게 해야 합니까?

노자가 말하였다.

진실한 말은 꾸미지 않고, 꾸민 말은 진실함이 없습니다. 선善한 사람은 말을 잘 하지 않으며, 말을 잘 하는 사람은 선하지 않습니다. 참되게 아는 사람은 박학博學하지 않으며, 박학한 자는 참된 앎이 없습니다.

진짜 실력 있는 사람은 쌓아 놓지 않습니다. 원래 남을 위하므로 자기는 더욱 여유가 있으며, 원래 남을 위하므로 자기는 도리어 더욱 많아집니다.

하늘의 이치는 오직 만물을 이롭게 하고 해치지 않으며, 실력 있는 사람은 남을 위하여 베풀 준비만 할 뿐 소모적인 경쟁을 하지 않습니다.

학교가 지식과 기술의 노예에서 벗어나 자연본성을 살리는 곳으로 거듭나지 않는다면 취업은 고사하고 문을 닫아야 할 상황이 올 수도 있습니다.

여덟 번째 이야기

소크라테스가
경영인을 만났다

소크라테스

BC 470년 ~ BC 399년, 고대그리스의 대표적인 철학자

인간의 욕망이란
무엇인가?

소크라테스: 내가 알고 싶은 것이 있는데, 그것은 '욕망'에 관해 그 종류와 수가 얼마나 되는지 하는 것일세. 하지만 아직까지 제대로 규정하지 못하고 있지. 이것을 제대로 규정하지 않으면 우리가 대화를 통해서 얻으려는 것이 불명확하게 될 걸세.

경영인: 인간의 욕망에 대해서 저도 많이 궁금합니다.

소크라테스: 그렇지. 내가 욕망에 대해 살펴보고자 하는 것은 이런 것이네. 불필요한 쾌락이나 욕망 가운데 '도리'에 어긋나는 것으로 생각되는 것이 있는데, 이런 욕망은 누구에게나 있는 것으로 보이네.

경영인: 어떤 욕망을 말하는 것입니까?

소크라테스: 이것은 영혼의 다른 부분인데, 이성적이고 유순하며 통제력을 가진 부분이 잠들어 있는 동안, 무절제한 동물적인 부분이 깨어나서 자신의 본능을 충족시키기 위해 나아가는 욕망이네. 수치심으로부터 해방되어 무슨 일이든지 거리낌 없이 해치울 수 있는 기질이지.

경영인: '경영'이란 전략적으로 그러한 욕망을 자극하는 것이라 할 수 있겠군요.

소크라테스: 그러나 자기 자신과 건전한 관계를 유지하고 있는 사람들은 잠들기 전에 명상에 잠겨 자신의 이성적인 부분을 일깨워 고상한 사상과 사색으로 대접하고, 욕망적인 부분을 충족시켜 잠들게 해서 영혼의 훌륭한 부분이 순수하게 과거나 현재나 미래의 것을 제대로 깨닫고자 하지. 환락이나 고통이 이를 방해할 틈을 주지 않는다네. 그리고 격정적인 부분도 달

211

래어 다른 사람들에게 화를 내는 일이 없도록 진정케 할 것이네. 이 두 가지를 진정시키고 이성이 내재하고 있는 부분을 일깨우게 된다면 진리를 잘 파악해서 극악무도한 환영이 나타나는 일도 거의 없을 것이네.

경영인: 그럼 경제가 잘 돌아가지 않을 것 같은데요?

자유민주주의는 젊은이들 마음속에 욕망의 수벌이라는 애욕을 심는다

경영인: 자유민주주의에서 적절한 욕망의 충족은 보이지 않는 손이 되어 모두를 풍족하게 한다고 생각합니다. 선생님 생각은 어떠세요?

소크라테스: 그렇지 않네. 그런 사람은 젊은 시절부터 돈벌이에 관계되는 욕망만을 존중하고, 유희와 사치에 관계되는 욕망을 멸시하는 부모 밑에서 양육된 사람들이네. 그러다가 욕망으로 가득 찬 자들과 교제하게 되면서 '인색'을 증오하고 '방종'을 받아들이게 되는 것이지. 하지만 이들 유혹자들보다는 훌륭한 천성을 타고났기 때문에 결국은 양쪽으로 끌리다 모든 것을 알맞게 즐긴다고 중간에 머무는 생활을 하게 되네. 자유민주주의는 이렇게 처음에는 별 문제가 없는 것처럼 보이네.

경영인: 그러면 나중에는 어떻게 되는 것입니까?

소크라테스: 세월이 흘러 자유주의 인간에게 아들이 하나 있는데, 아버지에게 일어난 것과 같은 일이 그에게 일어난다고 생각해 보게. 아들은 완전히 욕망의 세계로 끌려 들어가고, 유혹자들은 그것을 온전한 자유라고 할 것이네.

경영인: 인간은 누구나 자유를 추구하며 그 속에서 진정한 행복을 찾는 것 아닌가요?

소크라테스: 아버지나 친척은 중용의 욕망을 편들지만, 교활한 언론과 경영인들은 젊은이의 마음속에 날개 돋친 수벌이라고 하는 애욕을 심어주려고 할 것이네. 온갖 쾌락이 그의 주위를 맴돌며 그를 키워주고 자라게 하면서 연모의 침을 그에게 심어주면, 그는 광기의 호위를 받아서 이성적인 생각은 영혼 밖으로 쫓겨나고 말 것이네. 마침내 완전히 절제를 잃고 광기로 가득 차게 될 것이네.

경영인: 선생님 얘기를 듣고 보니 자유라는 것이 반드시 좋은 것만은 아니군요.

소크라테스: 자유는 모든 것을 욕망으로 탕진하고 나면, 새로 자리 잡은 수많은 욕망의 성화 때문에, 그 욕망들을 거느리고 있는 목마름을 채우는 자신의 침에 쫓기어 사기나 폭력으로 다른 사람들의 재산을 빼앗기 위하여 혈안이 되는 것이지.

경영인: 그 다음에는요?

소크라테스: 자기 내부의 질서와 규범을 완전히 무시하고 마치 폭군처럼 그 내부에 군림하고 있는 애욕이 스스로 독재자가 되어 자기가 군림하는 도시나 다름없는 그에게 그와 그를 둘러싸고 있는 욕망을 부양하기 위해 무슨 일이든 하라고 할 것이네.

경영인: 그렇게 되면 자기 욕망을 충족하기 위해서 수단방법을 가리지 않는 사람이 되겠군요.

소크라테스: 그들은 눈속임, 거짓말, 맹목적인 경쟁, 뇌물, 도둑질, 주거 침입, 소매치기 등과 같은 일을 아무렇지도 않게 하게 될 것이네.

경영인: 그들의 수가 적을 때는 그 악행은 사소하리라 생각됩니다.

소크라테스: 그러나 국가에 그러한 자들이 많아지고 그들이 자기들의 숫자가 많다는 것을 의식하게 되면, 그들 가운데 가장 위대하고 강력한 자를 골라내어 진짜 졸부대장으로 추대할 것이네.

경영인: 있을 법한 일입니다.

소크라테스: 대중이 순순히 복종한다면 그렇게 될 테지. 하지만 국가가 이에 응하지 않는다면 자기 부모에게 했듯이 새로 사귄 친구들을 끌어들여 국가에 폭력을 행사할 것이네. 그리고 국가를 이 친구들의 예속 상태에 두고 이들을 부양할 것이네. 이것이 자유주의 인간이 지닌 욕망의 궁극적인 목표이지.

경영인: 이것은 그냥 쉽게 지나갈 문제가 아닌 것 같습니다.

소크라테스: 그들이 국가를 지배하지 못하고 개인으로 머무르고 있다면 자기 목표를 달성하기 위해 위선과 아첨으로 가득 차 있을 것이네.

가장 훌륭한 것은
가장 고유한 것이다

경영인: 모든 쾌락이 다 나쁜 것은 아니지 않습니까?

소크라테스: 공복이나 갈증이나 기타 이와 유사한 것들을 육체적인 결핍이라고 할 수 있겠지. 마찬가지로 무지와 무분별을 정신적인 결핍 상태라고 할 수 있네.

경영인: 그렇군요.

소크라테스: 그렇다면 일반적으로 신체의 배려에 관계되는 종류들이 영혼의 배려에 관계되는 종류보다 힘이 덜 들지 않을까?

경영인: 네, 배고프면 밥 먹고 목마르면 물 마시는 것은 누구나 힘들이지 않고 쉽게 할 수 있는 일이죠.

소크라테스: 그러니 대중들이 열중하는 물질적인 쾌락은, 필연적으로 고통과 혼합된 쾌락이며 진정한 쾌락의 영상이나 그림자도, 그림에 지나지 않네. 하지만 대조적으로 화려하게 채색되었기 때문에, 분별없는 자들의 마음속에 광적인 욕망을 불러일으키는 것이네.

경영인: 아무래도 물질적인 욕망을 충족시키는 것은 시선을 사로잡으려면 화려할 수밖에 없습니다.

소크라테스: 그렇다면 우리는 다음과 같은 주장을 할 수 있지 않을까? 이익을 좇는 부분과 승리를 사랑하는 부분에 관계되는 욕망일지라도, 그것이 이성과 지식을 좇아서 이들과 함께 쾌락을 추구하며 지혜가 가르치는 쾌락만을 추구한다면 진리를 따르고 있는 셈이므로, 자기에게 가능한 한도 내에서 가장 진정한 쾌락을 얻게 될 것이라고 말이네. 그리고 만일 각자에게 가장 훌륭한 것이 각자에게 가장 고유한 것이라면, 그때 고유한 쾌락을 얻게 될 것이라고 말이네.

경영인: 조금은 이해할 수 있겠습니다. 가장 훌륭한 것은 가장 고유한 것입니다.

소크라테스: 그러니까 영혼 전체가 진리적인 부분을 따르고 내분을 일으키지 않는다면, 각 부분은 자기의 할 일을 하여 올바로 될 뿐만이 아니라 자기에게 고유한 쾌락을, 가장 훌륭한 쾌락을, 가장 진정한 쾌락을 얻게 될 것이네. 하지만 어떤 다른 부분이 우세하게 된다면, 이 부분은 자신도 고유

한 쾌락을 발견하지 못하게 될 뿐만 아니라, 다른 부분에 대해서도 그들에게 고유하지 않고 진실하지 못한 쾌락을 추구하도록 강요하게 될 것이네.

인간은
경영적 동물이다

소크라테스: 만일 우리가 대화를 통해 조직이 발생한 기원을 관찰할 수 있다면, 조직의 정의와 부정의가 어떻게 실현되어 가는지도 알아볼 수 있겠지?

경영인: 저 역시 모두가 만족할 만한 경영모델을 꼭 만들어 보고 싶습니다.

소크라테스: 그것이 달성된다면 우리가 탐구하는 것이 훨씬 알기 쉬워지리라고 기대할 수 있을 걸세.

경영인: 네, 훨씬 쉬워질 것입니다.

소크라테스: 그러면 진실로 그렇게 해보지 않으면 안 되고, 또 끝까지 완수하지 않으면 안 된다고 생각하는데… 왜냐하면 이것은 어물어물 해치울 수 있는 일이 아닐 테니 말일세. 잘 생각해 보도록 하게.

경영인: 이미 선생님께서 생각하신 것이니 해보시죠. 멈추시면 안 됩니다.

소크라테스: 내가 생각하건대, '국가'라는 것이 발생한 것은 누구라도 제각기 멋대로 흩어져 있어서는 자급자족할 수 없고 많은 사람의 손이 필요하기 때문에 생긴 것으로 알고 있는데, 자네는 무슨 다른 원리에 의해서 국가가 건설되었다고 생각하는가?

경영인: 이의가 없습니다.

소크라테스: 그런데 우리의 요구는 서로 달라서 각자는 각자의 필요에 따라 각각 다른 사람을 한 무리로 맞아들이기 때문에, 많은 사람을 공동자 또는 조력자로서 하나의 거주지에 집결시키게 되는 것이라 하겠네. 따라서 이런 공동생활체를 우리는 '도시'라고 이름 붙였는데 어떤가?

경영인: 물론 그렇습니다.

소크라테스: 어떤 사람이 다른 사람과 그때그때의 사정에 따라 주거니 받거니 물물교환을 하는 것은 그렇게 하는 것이 자기에게 더 좋다고 생각하기 때문이 아니겠는가?

경영인: 물론이지요.

소크라테스: 그러면 상상으로 국가를 처음부터 만들어보지 않겠나. 아무래도 그렇게 해볼 필요가 있을 것 같으니 말이야.

경영인: 그렇겠군요.

소크라테스: 국가에서 가장 필요한 것은 우리가 생존하고 생활하기 위한 식량을 마련하는 것이 아니겠는가? 두 번째로는 주거, 세 번째로는 의복 따위의 종류 말일세.

경영인: 그렇습니다.

소크라테스: 국가가 어느 정도의 규모를 갖추면 이런 것들을 충분히 마련할 수 있을 것 같은가? 어떤 이가 농부라면 목수 한 사람과 직물공 한 사람이 필요할 테지. 하지만 제화공이나 우리 신체에 필요한 것을 보살피는 자도 추가해야겠지.

경영인: 물론입니다.

소크라테스: 그러면 가장 필요한 자들만으로도 국가의 성원은 네다섯 사람은 되겠군.

경영인: 그렇습니다.

소크라테스: 그렇다면 어떤가. 이 사람들은 각자 자기 일을, 전원을 위한 공용물로써 제공해야 할 것인지. 가령 농부는 한 사람이지만 네 사람 몫의 식량을 마련하기 위해 그 식량을 생산하는데, 네 배의 시간과 노력을 들여 다른 구성원과 분배해야만 되는지, 아니면 다른 사람을 상관하지 않고 자기 자신만을 위해 4분의 1의 식량을 4분의 1의 시간으로 만들고, 나머지 4분의 3의 시간은 주거를 마련한다든지 의복 또는 신발을 만드는 데 보냄으로써, 다른 사람들 것까지 공동으로 하느라고 고생할 필요 없이 오직 자기 자신만의 일을 하면 그만이겠는가?

경영인: 처음 방식이 나중 것보다 편하겠지요.

소크라테스: 그렇지. 실제로 지금 자네의 대답을 들으면서 나에게도 생각나는 게 있네. 먼저 우리는 각각 타고난 성질이 서로 똑같지 않은 것처럼 소질 또한 제각기 달라서 일에 대한 적성의 차이가 있으니까 말인데, 이에 대한 자네의 생각은 어떤가?

경영인: 선생님과 생각이 같습니다.

소크라테스: 그렇다면 한 사람이 많은 직업에 손을 대는 경우와 한 사람이 한 가지 직업에 열중하는 경우, 어느 쪽이 일에 익숙해지는 데 낫겠는가?

경영인: 한 사람이 한 가지 직업에 열중하는 쪽입니다.

소크라테스: 다음 사실도 분명하겠지. 일을 해내는 시기라는 것을 놓치게 되면 그 일은 아주 망치게 된다는 것이네.

경영인: 분명히 그렇습니다.

소크라테스: 생각컨대, 되어가는 일 쪽에서는 그 일을 하는 사람의 형편을 기다려주지 않기 때문에 일이란 오히려 그 일을 하는 사람 쪽에서 틈을 봐

가며 하는 것이 아니라, 언제나 한눈 팔지 말고 열심히 하지 않으면 안 되는 것이네.

경영인: 그렇게 하지 않으면 안 될 것입니다.

소크라테스: 그렇다면 한 사람이 시기를 놓치지 않고 자기 소질에 알맞은 한 가지 일에, 다른 일로부터 해방되어 열중해야 비로소 그 제품을 더 많이 더 아름답게 더 용이하게 만들 수 있다는 말이 되는 것이군.

경영인: 정말 그렇습니다.

소크라테스: 그렇다면 우리가 앞서 열거한 것들을 갖추기 위해서는 네 사람보다 더 많은 국민이 필요하겠군. 그것은 농부는 자기가 쓸 삽이 훌륭한 것이라야 한다면, 자신이 만들려고는 하지 않을 뿐더러 그 밖의 괭이라든가 농기구 일체도 마찬가지일 테니까. 다음 목수의 경우도 이와 마찬가지이지. 그들에겐 여러 가지 것들이 필요할 테니까. 따라서 직물공이나 구두장이의 경우도 그렇겠지?

경영인: 물론입니다.

소크라테스: 그렇게 되면 목수, 공구 만드는 많은 직공 또는 금속공 등 수공업자가 이 작은 국가의 구성원이 되어 자연히 인구 밀도가 높아지겠지. 하지만 그들뿐만 아니라, 소먹이는 사람이나 양치기 등 목축인, 즉 농부가 경작용으로 소를 갖거나 목수가 농부들과 마찬가지로 자재 운반용으로 동물을 부리고, 직물공이나 제화공에게 가죽이나 양모를 쓸 수 있게 해주는, 그런 목축인을 추가해도 국가는 아직 그다지 커지지는 않을 걸세.

경영인: 그런 자들까지 모두 고려한다면 그리 작은 나라는 아닐 것입니다.

소크라테스: 더 나아가 국가를 수입품 따위는 조금도 필요로 하지 않는 그런 곳에 세운다는 것은 거의 불가능할 테지.

경영인: 그렇군요.

소크라테스: 그렇다면 필요한 물자를 다른 나라로부터 그 나라로 교역하는 사람들도 역시 필요하게 되겠군.

경영인: 그러겠지요.

소크라테스: 내 생각으로는 그 밖에도 아직 좋은 일을 해주는 사람들이 더 있을 것 같군. 머리를 쓰는 일에는 사실 함께 하는 것이 조금도 쓸모가 없지만, 힘든 일을 하는 데 드는 체력만은 충분히 갖고 있는 무리들은, 그 체력의 사용을 임금을 받고 팔기 때문에 이들을 '임금노동자'라고 부르는 것으로 알고 있는데 그런가?

경영인: 그렇습니다.

소크라테스: 그러면 임금 노동자 역시 국가의 구성원일 것 같은데…….

경영인: 그렇다고 생각합니다.

소크라테스: 그러고 보니 이제 우리들의 국가도 아주 성장해서 완성되었군 그래.

경영은 업무분장과 역할이 명확해야 한다

소크라테스: 그렇다면 도대체 그곳 어디에 정의와 부정의가 존재하는 것일까. 그리고 우리가 살펴온 것들 가운데 어느 것과 일체가 되어 나타날까.

경영인: 저로서는 생각이 미치지 않습니다. 정의와 부정의는 바로 그런 사람들 사이에서 서로가 교섭하는 방법 속에 존재하지 않고서는 생각할 수

없을 것입니다.

소크라테스: 자네 말이 옳네. 그러면 먼저 이렇게 준비가 된 사람들이 어떤 방식으로 생활해 가는지 살펴보기로 하세. 그런데 이와 같이 국가의 규모가 커지기 시작하면 의사, 교사, 변호사 등 전문가의 역할이 훨씬 더 커지지 않을까?

경영인: 물론이지요.

소크라테스: 거기에 또 국토의 문제가 있겠지. 처음에는 그 정도의 사람으로 충분했던 땅이 이제는 부족하게 되었으니 말이네. 다른 생각이 있는가?

경영인: 아닙니다. 그대로입니다.

소크라테스: 그렇다면 우리는 목축을 한다든가 농사를 짓는 데 충분한 땅덩어리를 가져야겠고, 모두가 그렇게 되길 바랄 테지. 결국 충분한 토지를 소유하기 위해, 이웃 사람들의 토지를 빼앗아 자신의 것으로 할 수 밖에 없는데, 그러나 그것은 이웃 나라의 경우에도 마찬가지겠지. 그들 역시 필요한 한도를 넘어서까지 재산에 무제한의 욕심을 부린다면, 우리의 땅을 뺏는 방법밖에 없지 않은가?

경영인: 그렇게 될 수밖에 달리 방법이 없을 것 같군요.

소크라테스: 그렇게 되면 결국 전쟁이 일어나겠지.

경영인: 그렇겠네요.

소크라테스: 단, 현재로서는 전쟁을 유발하는 것이 좋은 것인가 나쁜 것인가 하는 점은 접어 두고, 다음과 같이 말하는 것으로 그쳐두지. 어쨌든 우리는 이제 전쟁에 직면했네. 즉 나라마다 나쁜 일이 생길 때, 그게 공적이든 사적이든 어느 쪽에 나쁜 일이 생기든지 그것을 발생시키는 최대의 요

인이 바로 물욕인데, 이것이 전쟁을 일으킨다는 말이지.

경영인: 예, 그것은 진실입니다.

소크라테스: 그러면 국가를 더 크게 만들어야겠군. 적당히 형식상으로 크게 만든다는 것이 아니라 온 군대를 수용할 수 있을 정도로 크게 말이야. 그런데 군대란 국가의 전 재산을 위해서, 그리고 방금 예를 든 사람들을 지켜주기 위해서 싸움터에 나가 적들과 맞서 싸우는 것이지.

경영인: 아니, 어째서죠. 자기들끼리만 싸우는 것으로 족하지 않을까요?

소크라테스: 그걸로는 충분하지 않지. 우리가 처음 국가를 만들고 있었을 때, 자네도 우리의 한 사람으로서 모두가 인정한 바가 옳았다고 여겼다면 충분할 수 없지. 자네도 확실히 기억하겠지만 우리가 인정했던 것은 혼자서 많은 기술을 잘 익혀 나갈 수 없다는 점이었네.

경영인: 예, 틀림없이 그렇습니다.

소크라테스: 그렇다면 어떻게 되겠나. 전쟁이라는 이름으로 하는 승부에 기술이 필요하다고 생각하지 않는가?

경영인: 물론 매우 필요합니다.

소크라테스: 그러면 어떻게 해야지? 즉 전쟁의 기술보다 구두 만드는 기술에 더 신경을 써야 하겠는가?

경영인: 결코 그럴 수는 없겠지요.

소크라테스: 그런데 우리는 앞에서 구두 짓는 사람이 동시에 농부도 되고 직물공이 되는 것을 인정해 주지 않았거든. 구두 짓는 기술자가 우리들에게 훌륭한 구두를 만들어주기 위해서는 그 일에만 열중해야 한다는 게 그이유였지. 그 밖의 사람들에 대해서도 이것은 마찬가지였고, 각자 자기에게 알맞은 소질의 일을 하나씩 할당했네. 다른 일에서 해방된 그들은 오직

자기 일에만 전념하고, 시기를 놓치지 않고 훌륭히 맡은 바를 해야 한다고 말이지. 더구나 전쟁의 경우 이를 훌륭히 한다는 것이 얼마나 어렵고 중요한 일이겠는가. 아니면 대단찮은 일로 농부거나 구두장이거나 또 기타 어느 직종의 사람이거나 누구나 동시에 군인이 될 수 있는 것인지. 장기를 둔다든지 주사위 놀이에 있어서도 어릴 적부터 오직 그것에만 전념하고 노력해야 명인이 될 수 있는 것인데, 잠시 장난기로 몇 번 해보고서 그것을 바란다는 건 불가능한 일이지. 즉 방패나 기타 무기 또는 전쟁 도구를 손에 들기만 하면 금방 각종 전투에 참가해서 충분히 전투원의 임무를 다할 수 있겠는가. 이건 어떤 도구든 그것을 손에 쥐기만 하면 전문적인 기술자 또는 운동 선수가 되지 못하는 경우와 같으며, 또 어떤 도구든, 도구에 대한 지식이 필요한 이상 그만큼 오랜 기간의 연습이 있어야만 제 구실을 할 테니까, 손에 들기만 한다고 무엇이든 되는 건 아니겠지.

성공한 경영인 뒤에는 반드시 훌륭한 철학이 있었다

소크라테스: 그렇다면 경영인의 임무야말로 가장 중요하다고 할 수 있겠군. 경영인의 임무는 다른 어떤 일보다 많은 시간과 최대의 기술과 근면이 필요할 걸세.

경영인: 물론입니다.

소크라테스: 그러면 경영인이라고 해도 그들 역시 직업 자체에 대한 좋은 소질이 필요하지 않겠는가?

경영인: 그렇습니다.

소크라테스: 그런데 만약 가능하다면 우리는 국가관이 투철한 사업가에 적합한 성질을 지닌 사람을 골라야 하겠지? 그건 우리의 의무라고 생각하는데…….

경영인: 저 또한 그렇게 생각합니다.

소크라테스: 좋은 선택은 쉬운 일이 아니네. 하지만 우리는 용기를 가지고 온 힘을 다해서 노력하지 않으면 안 되네.

경영인: 그렇습니다.

소크라테스: 품격을 갖춘 젊은이란 국가를 방위하고 지키는 점에 있어서 잘 훈련된 개와 같다네.

경영인: 어떤 의미로 그런 말을 하시는지 잘 모르겠습니다.

소크라테스: 그것은 이런 뜻이네. 양쪽 다 적을 잘 발견하고, 일단 발견하면 잡는 데에도 민첩하고, 적과 싸울 때 용기를 발휘할 수 있어야 한다는 점에서 그렇네. 그렇다면 국가를 위하는 경영인에게 육체적 조건이 분명해진 셈이네. 이해하겠는가?

경영인: 예, 이해할 수 있습니다.

소크라테스: 그 밖의 정신적인 성품에 대해서 알고 있는가? 그들의 정신적인 조건 역시 기개로 가득 차 있어야 한다는 것이네.

경영인: 그렇습니다.

소크라테스: 그런데 기개로 가득 찬 사람은 대인 관계에서 난폭한 것으로 여기기 쉽지만 이렇다네. 즉 적에 대해서는 난폭하지만 자기편에 대해서는 성품이 온순해야 할 걸세. 그렇지 않으면 적에게 멸망하기 전에 스스로에게 멸망하기 때문이네. 따라서 두 가지 성품 중에 어느 것도 빠져서는 훌

륭한 경영인이 되지 못할 걸세.

경영인: 정말 그렇습니다.

소크라테스: 그런데 경영인으로서 적합한 사람이란, 기개가 뛰어난 것 이외에 철학자가 지니는 성품을 갖출 필요가 있지 않을까?

경영인: 무슨 얘기인지 잘 이해가 가지 않습니다.

소크라테스: 내가 말하는 의미의 성품이란, 개에게서 나타나고 그 밖의 다른 동물에서도 나타나는 것인데, 개는 낯선 사람을 보면 자기에게 아무런 해를 끼치지 않아도 으르렁대고, 아는 사람을 보면 자기에게 이롭지 않아도 꼬리를 친다는 것이지. 이 점에서 개는 본능적으로 참된 철학자라고 생각하네.

경영인: 무슨 얘기인지요?

소크라테스: 개는 도둑과 친지의 얼굴을 단지 안다, 모른다의 기준으로 구분하네. 자기가 좋아하는 것과 좋아하지 않는 것의 구분을 안다 모른다의 절차를 통해 판정하는 애지자라고 할 수 있네. 달리 표현해서 지식의 애인, 학문의 애인이란 철학을 의미하는 것이지. 그러므로 자기 벗이나 친지에 대해서 온화한 사람은 선천적으로 지식과 지혜를 사랑하는 사람이라고 단정해도 무방하다는 말이네.

경영인: 그렇게 단정해도 틀린 말은 아닙니다.

소크라테스: 따라서 국가를 위한 위대한 경영자가 되기 위해서는 철학과 기개, 민첩함과 힘을 아울러 가진 사람이어야 한다는 것이네.

경영인: 반드시 그래야 할 것입니다.

경영인은
그림을 잘 그려야 한다

소크라테스: 아마도 그럴지 모르겠네. 그렇다면 우리 경영인들이 모방에 능한 사람이 되어야 하는지, 아니면 그렇게 되어서는 안 되는지를 생각해 보게나. 또 모방하더라도 동일한 사람이 여러 가지 일을 모방할 때는 한 가지의 것을 모방할 때보다 훌륭하게 할 수는 없겠지.

경영인: 그렇겠지요.

소크라테스: 동일한 사람이 중대한 어떤 일에 종사하면서 동시에 많은 것을 모방한다는 것은, 그리하여 모방에 능한 사람이 된다는 것은 거의 불가능할 걸세. 서로 밀접한 관계에 있는 것으로 생각되는 두 가지 모방물조차 한 사람이 각각에 관여하는 희극과 비극을 동시에 훌륭하게 모방한다는 것은 불가능하네.

경영인: 맞는 말입니다.

소크라테스: 그런데 우리 경영인들은 다른 일체의 일을 밀어 제치고서 나라의 자유를 지키는 완벽한 일꾼이어야 하며, 그 밖의 일은 도움이 되는 것이 아니면 어떤 일도 하지 말아야 한다는 우리의 처음 생각을 그대로 유지하자면, 이들은 그 밖의 어떤 것도 해서는 안 되고 또 모방해서도 안 되네. 하지만 그들이 모방을 하는 경우에 있어서는 어릴 때부터 그들에게 어울리는 것들만을, 말하자면 용감하고 분별이 있고 경건하며 자유인다운 사람들을, 그리고 이와 같은 모든 것들을 모방해야지, 비천한 짓을 행하거나 모방에 있어서 능한 사람이 되어서는 안 되며, 또 그 밖의 어떤 창피스러운 일에 있어서도 그래서는 안 될 것이네. 그들이 모방으로 말미암아 그러한 사

람이 되는 일이 없도록 하자면 말일세. 자네는 모방이 유년기에서부터 오래도록 지속될 때 신체상으로나 목소리나 또는 생각할 때 마침내 습관으로, 그리고 성품으로 굳어지는 것을 알고 있겠지?

경영인: 예, 알고 있습니다.

소크라테스: 그러니까 만일 내가 자네 말뜻을 제대로 이해했다면 이런 것이네. 말하는 투나 이야기의 방식에는 참으로 선량한 사람이 무슨 말을 해야할 때, 열거하는 이야기 방식과 이것과는 다른 또 하나의 종류로서 앞선 사람과는 반대되는 성격을 지니고 있고, 또 반대되는 입장에서 교육을 받은 사람이 당연히 취하게 되는 방식이 있다는 말이네.

경영인: 그렇다면 그것은 구체적으로 어떤 것들인가요?

소크라테스: 내 생각으로 도리를 아는 사람은 이야기를 하는 동안에 어떤 훌륭한 사람의 어떤 말이나 어떤 행동의 대목에 이르게 되면, 자신이 그 사람이 되어 이야기하고 싶어 하고 모방에 대해서 조금도 부끄러워하지 않을 것 같네.

그런 사람은 훌륭한 사람이 단호하게 그리고 분별력 있게 행동할 때 모방하려 할 것이네. 그러나 술에 취해 비틀거리거나 질병이나 실연 또는 다른 어떤 불행한 일로 좌절하고 있을 때에는 모방하려 들지 않을 것일세. 또 자기에게 어울리지 않는 하찮은 인간의 대목에 이르게 되면 자신이 그 못된 사람을 흉내 내기 꺼려할 것이니 어쩌다가 그 사람이 그나마 유익한 어떤 일을 할 때에만 잠시 흉내 낼 수는 있겠지. 그렇지 않다면 그 사람을 흉내 내기가 부끄러울 것일세. 그런 사람들은 모방함에 있어서 자신이 훈련되지 않았을 뿐 아니라 현재의 자기보다 더 나쁜 사람들의 유형으로 자신이 인상 지워지거나 포함되는 것을 불쾌하게 여기며, 또한 장난을 위해서가 아닌 한 그러한 모방을 내심으로 경멸하네.

경영인: 그런 것 같습니다.

소크라테스: 그런데 그렇지 않은 사람도 또한 있을 것이네. 이런 사람은 경박할수록 온갖 것을 다 이야기할 것이네. 그리고 아무것도 자기 체면을 깎는 것은 없다고 생각하지. 그들은 무엇이든지 진지하게 그것도 많은 사람 앞에서 모방하려 들 것일세. 심지어는 방금 말했던 그러한 것들, 즉 천둥소리, 바람이나 우박소리 또는 차축이나 활차 끄는 소리 또는 나팔이나 플루트 또는 피리소리, 그리고 온갖 악기가 내는 소리를, 더 나아가 개가 짖는 소리, 양이나 닭이 우는 소리를 모방할 것일세. 그리하여 그들의 말하는 투는 온갖 소리와 몸짓의 모방으로 된 것이어서 실제 이야기는 작은 부분에 지나지 않을 것일세.

경영인: 그것은 필연적인 사실입니다.

소크라테스: 그러면 우리가 단지 시인들에 대해서만 그들의 시작詩作에서 좋은 성향의 모습만을 그리도록 통제하고, 만일 그렇지 못하면 시를 짓지 못하도록 할 것인가. 아니면 다른 예술가들에 대해서도 통제하여 그들이 악과 무절제, 비천함과 추함을 조각이나 건축물에 담지 못하도록 하고 이를 어기는 자는 나라에서 어떤 활동도 할 수 없도록 해야 하는가.

다시 말해서 국가의 경영인들이 나쁜 환경에서 자라나서 마치 나쁜 잡초들 사이에서 매일 조금씩 나쁜 풀을 즐겨 뜯어먹음으로써, 결국에는 많은 독초를 먹는 결과를 가져오듯 자기도 모르는 사이에 자신의 영혼 안에 커다란 악을 들어앉히는 일이 될 것이네. 오히려 우리는 우리의 젊은이들이 건전한 곳에 사는 것과 같이 모든 곳으로부터 도움을 받고, 이곳으로부터 아름다운 작품에서 무엇인가 보이는 것이나 듣는 것으로 다가와 마치 좋은 고장에서 부는 훈풍과도 같이 어릴 때부터 자기도 모르게 아름다운 말과 행동에 친숙하도록 이끄는 아름다움과 착실함의 본성을 갖춘 예술가를 찾아야 하네.

경영인: 그런 방식으로 양육되는 것이 가장 좋은 방법인 것 같습니다.

소크라테스: 음악 교육이 중요한 까닭은, 리듬과 화음이 우아하게 영혼의 안쪽으로 파고 들어와 꼼짝 못하게 만들기 때문이지. 그런데 만일 어떤 이가 옳게 교육을 받는다면 그것이 우아하게 만들어주지만, 그렇지 않으면 반대로 만들어주네. 또한 영혼 내부의 교육을 잘 받은 사람은 결핍되거나 아름답지 못하게 제작된 것이나, 아름답지 않게 생긴 것에 민감하게 반응하여 못마땅해 하겠지만, 아름다운 것은 영혼에 받아들여 보살핌으로 인해 마침내 자신이 고귀한 사람이 되는 것이지. 그리고 추한 것에 대해서는 판단 능력이 생기기 전부터 꾸짖고 미워하게 되는데, 어려서부터 이미 그가 이성적으로 받아들이도록 교육받았으므로 그렇게 하는 것이 자연스럽기 때문이지.

경영인: 그런 이유 때문에 좋은 교육을 시켜야 한다고 생각됩니다.

컨디션이 최상인 상태를 항상 기억하라

소크라테스: 교육에서 무엇보다도 중요한 것은 신체에 대한 지나친 보살핌은 언제나 자신에게 어떤 긴장 현상이나 현기증을, 지혜를 사랑하는 데서 연유하는 것이 아닌가 의심하게 할 뿐 아니라 또 그것을 탓하게 하기 때문

에 어떤 종류의 배움이나 사색, 그리고 자기 수련도 어렵게 만들어서 결과적으로 덕의 수련이나 시험이 방해를 받게 된다는 것이네.

왜냐하면 그러한 상태의 보살핌은 자신으로 하여금 언제나 자신이 아픈 상태에 있다고 믿게 하여 자기 몸에 대한 근심을 덜어주는 법이 없기 때문이네.

경영인: 정말 그럴 것입니다.

소크라테스: 그렇다면 의사들이 가장 노련한 의사가 되기 위해서는 어릴 때부터 의술을 배울 뿐 아니라 병이 있는 육체들과 접촉하여 되도록 많은 경험을 쌓고 자기 스스로도 온갖 질병을 앓아 보는 것이 좋겠네. 그러면 구태여 꼭 건강하지 않아도 될 것이네. 내 생각으로는 신체로써 신체를 치료하는 것이 아니라 영혼으로써 신체를 치료하는 것이기 때문이네. 따라서 영혼이 건강하지 않다면 어떤 질병도 훌륭하게 치료할 수 없을 것일세.

경영인: 옳은 말입니다.

소크라테스: 재판관도 영혼으로써 영혼을 다스리는 것이네. 그렇지만 재판관은 신체적 질병을 판단하듯이 자신의 영혼에 비추어서 다른 사람들의 잘못을 민감하게 알아내기 위해 어려서부터 나쁜 혼과 어울려 자라나게 해서는 안 될 것일세. 오히려 그의 영혼이 순순한 형태로 남아 있어야 할 것이네. 옳지 않은 일들을 고결한 영혼으로 올바로 판결하기 위해서 말일세.

이런 까닭으로 훌륭한 사람은 어릴 때 단순해 보이며 또 자기 자신 안에 나쁜 느낌을 갖게 하는 어떤 자질을 갖고 있지 않기 때문에 올바르지 않은 사람들에게 곧잘 속임을 당하기 마련이네.

경영인: 그렇군요.

소크라테스: 그렇기 때문에 훌륭한 재판관이 되려면 젊어서는 안 되고 나이가 들어야 되네. 나이를 먹어야 부정의가 무엇인지 알게 되는데 그것은 자

신의 영혼 안에 있는 부정의를 아는 것이 아니고, 남들의 영혼 안에 있는 남의 것을 오랫동안 유의해 봄으로써 악이 무엇인지 경험에 의해서가 아니라 지식에 의해서 알게 되는 것이네.

경영인: 그러한 재판관은 정말 고귀한 재판관일 것입니다.

소크라테스: 인간의 성정에는 혈기가 있고, 지혜를 사랑하는 마음이 있는데, 어떤 신이 이 두 성정에 맞도록 인류에게 음악과 철학, 두 가지 전문 지식을 준 것 같네. 그래서 이 두 가지가 마치 악기의 현처럼 잘 조화될 때 서로 조율이 되는 것으로 생각되네.

경영인: 정말 그런 것 같습니다.

소크라테스: 음악과 체조를 가장 적절히 혼합하여 정신에 잘 조화시키는 자야말로 훌륭한 사람이라 할 수 있으며, 현의 조율자보다 훨씬 높은 의미에서의 조화자라고 할 수 있지. 결국 이러한 사람은 국가가 지속되는 한 언젠가 국가에 필요한 인물이 될 걸세.

경영인: 그러한 사람이야말로 절대적으로 필요한 인물일 것입니다.

눈 먼 돈을 벌 것인가,
눈 밝은 돈을 벌 것인가?

소크라테스: 그러면 이제 우리의 본성이 교육을 받았을 때와 받지 않았을 때의 차이를 알기 위해 다음과 같은 경우를 상상해 보게.

여기에 지하 동굴이 하나 있고 그 속에 죄수들이 살고 있네, 동굴 입구는 빛을 향해 열려 있고 긴 동굴이 이어져 있지. 그 안의 죄수들은 어릴 때부터 다리와 목에 사슬이 묶여 있어서 언제나 같은 곳에 머물러 있으며, 사슬 때문에 머리도 돌릴 수 없고 앞만 보도록 되어 있어. 그들 뒤의 위쪽 멀리에서 불빛이 그들을 비추고 있으며, 불빛과 죄수들 사이에는 길이 나 있고, 그 길을 따라서 나지막한 담이 있네. 그 담은 꼭두각시 놀이꾼들이 인형을 보여주기 위한 무대와 비슷하지. 그 담을 따라 사람들이 여러 종류의 도구와 입상, 돌이나 나무로 만든 동굴의 형상이나 여러 가지 물건들을 운반하고 있어. 그들 가운데 일부는 말을 하기도 하고 일부는 아무 말도 안 하고 있네.

경영인: 무슨 이야기인지 잘 모르겠습니다.

소크라테스: 우리 자신들과 같지. 그들은 단지 자신의 그림자나 다른 것의 그림자를 볼 뿐이네.

경영인: 사실입니다. 그들이 일생 동안 머리를 돌릴 수 없다면 어떻게 다른 것을 볼 수 있겠습니까?

소크라테스: 그렇다면 그들은 운반되고 있는 물건도 그림자밖에 못 보겠지?

경영인: 그렇지요.

소크라테스: 만일 그들이 옆 사람들과 이야기할 수 있다면, 그들이 본 것을 실재하는 것으로 생각하지 않을까?

경영인: 네, 그렇겠네요.

소크라테스: 그러면 감옥의 다른 편에서 들려오는 어떤 울림이 있다고 더 상상해 보게. 지나가는 사람이 무슨 말을 할 때 그 목소리가 자기 앞에 있는 그림자에서 나오는 소리라고 생각하지 않을까?

경영인: 물론입니다.

소크라테스: 그들에게 그 상상의 그림자 외에 어떤 다른 것이 존재하는 것으로 생각되지는 않겠지?

경영인: 그것은 불가능합니다.

소크라테스: 이제 그 죄수들이 어떻게 그들의 억압과 무지로부터 풀려나고 치유되는지, 그리고 그들이 다음의 일을 만났을 때 그것이 어떻게 자연스럽게 일어나는지 생각해 보게.

만일 그들 가운데 한 사람이 사슬이 풀려 바로 일어나 고개를 돌리고 빛을 향해 가도록 강요된다면, 그는 아픔을 느끼고 눈이 부셔서 그가 전에 그림자로 보았던 상태의 실재 사물들을 바라볼 수 없을 것이네. 그리고 어떤 사람이 그가 과거에 본 것을 보잘것없는 것에 지나지 않는다고 하면서, 이제 존재에 더 가깝고 더욱 존재를 향하여 있으므로 더 제대로 볼 수 있는 것이라 할 것이네. 그리고 그에게 지나가는 것을 가리키면서 저것이 무엇이냐고 묻고 대답을 강요한다면, 그는 매우 혼란스럽지 않을까. 그리고 과거에 보았던 것이 지금 보는 것보다 더 실재적이지 않을까?

경영인: 그럴 것입니다.

소크라테스: 그리고 빛을 직접 보게 된다면, 그는 눈이 아파서 도망쳐 그가 전에 볼 수 있었던 곳으로 돌아가 그것이 방금 본 것보다 더 확실하다고 생각하지 않을까?

경영인: 물론입니다.

소크라테스: 그리고 어떤 사람이 그를 강제로 도망가지 못하게 위로 비탈진 곳으로 끌어 올려 그가 햇빛에 나올 때까지 놓아주지 않으면, 그는 매우 고통스러워하며 억지로 끌려가는 것이 아닐까. 그리고 그가 빛으로 나오게 되면 눈이 부셔서 실재 사물들로부터 아무것도 보지 못할 것이네.

경영인: 그럴 것입니다. 바로는 못 볼 것입니다.

소크라테스: 내 생각으로는 그가 위에 있는 것을 보기 위해서는 적응이 필

요하네. 우선 그는 그림자를 쉽게 볼 수 있을 것이고, 그 다음에는 물에 비친 사람이나 다른 물건들을, 그 다음에는 그 자체를 볼 수 있을 것이네. 그리고 마찬가지로 하늘에 있는 것과 하늘 자체를 볼 것이네. 밤에 달이나 별빛에서 하늘을 보는 것이 낮에 해와 햇빛 속에서 보는 것보다 쉽기는 하네. 그런데 마지막에 가서 그는 해 자체를 보게 될 것인데, 물이나 어떤 다른 곳에 비친 것이 아니라, 그 자체를 그것의 고유한 자리에 있는 것을 보며 관찰할 수 있을 것이네.

그 다음에 그는 그것으로부터 모든 시간이 만들어지며, 보일 수 있는 공간 안에서 모든 것을 정돈하며, 동굴에서 그들이 본 것에 대해서 어느 정도 원인이 되는 것이 바로 그것이라는 결론에 도달하게 될 것이네.

경영인: 분명히 그는 그것에 따라 여기에 도달할 것입니다.

소크라테스: 그리고 나면 그가 전에 살던 곳을 생각하고 자기 신상의 변화는 다행스럽게 여기지만, 그곳에서의 지혜나 함께 잡혀 있는 동료에 대해서 불쌍히 여기지 않을까 싶네.

경영인: 확실합니다.

소크라테스: 그런데 이것도 생각해 보게. 그가 동굴로 내려가서 옛 자리에 앉게 된다면 갑자기 햇빛 있는 데서 들어 왔기 때문에 그는 아무것도 못 보겠지.

경영인: 물론입니다.

소크라테스: 그리고 그가 다시 항상 거기에 잡혀 있었던 이들과 그림자를 알아맞히는 경쟁을 해야 한다면, 눈이 침침한 동안에는 거기에 적응하기 위해 짧지 않은 시간이 필요할 것이네. 그러면 그들은 비웃으면서 이렇게 말하지 않을까.

"그대는 밖에 나가더니 눈이 상해서 돌아왔군. 밖에 나가려고 하는 것은 부질없는 짓이야. 그러니 누구든 풀어서 밖으로 데리고 올라가려 하는 자가 있으면 잡히는 대로 죽여 버려야 해."

경영인: 그렇게 해야겠지요.

소크라테스: 이 전체 비유를 앞에서 이야기한 것과 연결시키지 않으면 안 되네. 시각을 통해서 나타난 장소는 죄수들의 감옥으로 생각하고, 불빛은 태양의 힘으로 말일세. 그리고 자네가 위로 올라가 위에 있는 사물을 살피는 것은 영혼이 인식할 수 있는 것으로 올라가는 것으로 생각한다면, 내가 생각하는 바를 자네가 알고 싶어 하는 바대로 전달한 셈이네.

그런데 그것이 옳은지 그른지는 신만이 알고 있네. 적어도 내가 보는 바로는 모든 인식 가능한 것 가운데 선의 이데아는 수고를 들여서 마지막에 겨우 볼 수 있을 뿐이네.

그런데 사람들이 그것을 본 다음에는 그것이 모두를 위해 모든 올바름과 아름다움의 근거가 되며, 볼 수 있는 세계에서 빛과 태양이 되는 것을 낳으며, 인식의 세계에서 주인이 되어 진리와 이성을 가져다준다고 생각하는 것이네. 따라서 이성적으로 행동하고자 하는 사람은 누구나 공적이건 사적이건 간에 이것을 보지 않으면 안 된다는 것이네.

훌륭한 인재란
자유의지가 건강한 사람이다

소크라테스: 이것이 사실이라면 우리는 교육이 일부의 사람들이 주장하고

있는 그러한 것이 아니라는 점에 대해서 생각해야 할 것이야. 그들의 주장은 시력을 넣어주듯 지식이 없는 영혼 속에 지식을 넣어 준다는 것이지.

경영인: 네, 그것이 지금하고 있는 대부분의 교육입니다.

소크라테스: 그런데 우리들의 토론이 암시하고 있는 것은 이런 것이 아닌가. 시선을 어두운 곳에서 밝은 곳으로 돌리기 위해서 몸 전체를 돌리지 않으면 안 되는 것과 마찬가지로, 영혼 가운데 있는 그러한 능력과 지적 기관도 역시 존재가 가장 밝은 것을 관조하며 이를 마침내 견디어 낼 수 있을 때까지 생성계에서 존재의 세계로 방향을 돌려야 한다는 것을 의미하지 않을까.

경영인: 그렇습니다.

소크라테스: 그렇다면 교육이란 영혼의 지적 기관을 얼마나 효과적으로 쉽게 향상시킬 수 있느냐 하는 기술이지, 그 기관 속에 시력을 넣어주는 것은 아니네. 오히려 만일 그 기관이 시력이 있는데도 방향을 잘못 잡아 제대로 보지 못하고 있다면 그 방향을 잡아주는 기술이지.

경영인: 그런 것 같습니다.

소크라테스: 그런데 일반적으로 영혼에 속하는 덕들도 신체의 덕 가까운 것으로 보이네. 왜냐하면 그러한 덕은 선천적으로 영혼에 내재되어 있는 것이 아니라 습관이나 훈련에 의하여 후천적으로 형성되는 것 같이 보이기 때문이네.

그런데 지적 활동의 덕은 그 어느 것보다 더 신적인 것 같네. 이 신적인 것은 자기가 가진 힘을 잃는 경우는 없지만 어느 방향을 향하느냐에 따라 유용하고 유익하게 되기도 하며 무용하고 해가 될 수도 있네. 자네는 비상한 재주를 가진 악당에게서 이러한 점을 발견한 적이 없는가? 그들의 보잘것없는 영혼도 무엇인가를 지향할 때는 아주 철저하고 날카롭다네. 따라서 그들의 영혼이 열등한 시력을 가진 것이 아니라 악에 봉사하는 처지에 있으므로 더욱 날카롭게 보면서 악에 빠져든다는 말일세.

경영인: 본 적이 있습니다.

소크라테스: 그러나 그 같은 천성도 생성과 친족 관계에 있는 납덩어리와 같은 식탐이나 식탐에 결부된 쾌락이나 욕망으로 인해 그 천성에 부착되어 영혼의 시선을 아래쪽으로 향하게 하고 있으므로, 그 납덩어리를 어릴 때 바로 잘라 내버려 장애물들로부터 해방되어 진리를 보게 된다면, 그가 지금 날카롭게 보듯이 진리도 날카롭게 보게 될 것이네.

경영인은 무엇으로 사는가?

경영인: 만일 어떤 사람이 다음과 같이 말한다면 어떻게 하겠습니까?

"선생님은 경영인들을 전혀 행복하게 해주지 못하고 있군요. 회사는 사실 그들의 것인데 회사로부터 받는 혜택이 아무것도 없습니다. 다른 권력자들처럼 땅을 소유할 수도 없고, 아름답고 큰 집을 지을 수도 없으며, 신들에게 개인적으로 제물을 바칠 수도 없으며, 귀한 손님이 와도 제대로 대접할 수가 없습니다."

또 그들이 이렇게 말합니다.

"행복한 사람들의 소유물로 여겨지는 금이나 은을 가질 수도 없고, 오직 용병처럼 회사를 지키는 일 이외에는 어느 일도 하지 못하는 신세가 되었습니다."

이렇게 한탄하면 어떻게 하겠습니까?

소크라테스: 잘 생각해 보면 좋은 답변을 찾을 수 있으리라고 생각하네. 우리가 세운 국가에서는 어느 한 계급만을 잘살게 하는 것이 아니고 모든 국민이 잘살게 하려는 것이네. 이러한 나라에서는 정의가 발견되지만 잘못 세워진 나라에서는 부정의가 발견될 것이네. 우리들이 계속 잘 생각해 보면, 우리가 탐구하는 나라는 어느 특수한 계층만을 위한 행복이 아니라 온 국민의 행복을 위한 것임을 알게 될 것이네.

예를 들어서 우리가 어떤 조각에 칠을 하고 있는데 어떤 사람이 와서 왜 신체의 가장 아름다운 부분인 눈을 아름답게 그리지 않았느냐고 묻는다면, 이렇게 답변해야 할 걸세.

"여보시오. 색칠하는 데 있어서 눈만 특별히 강조해서 그릴 수는 없는 법이오. 신체 전체가 아름답게 표현되는 것이 중요하니 그것이나 잘 보시오."

경영인들에 대해서도 마찬가지 생각이 드네. 경영자가 아닌 다른 사람들이 해줄 수 있는 행복을, 경영인에게 기대하는 것은 옳지 못한 것이네. 국가 전체가 행복하기 위해서는 농민들에게 비단옷을 입히고 장신구를 달게 하고 마음대로 땅을 갈아 농사를 짓게 하고, 도공들에게는 가마 옆에서 술타령을 하면서 도기가 구워지도록 하는 것. 사람들이 이런 식으로 행복을 누릴 수 있도록 해야 한다고 주장하지는 말게.

만일 그렇게 한다면 농부는 농부 아닌 사람으로 변할 것이며, 도공은 도공 아닌 사람으로 바뀔 것이기 때문이네. 그렇게 되면 국가를 구성하는 사람들이 각기 특별한 역할을 하지 못하게 될 것이네. 그래도 이들의 변화는 경영인들에 비해서는 큰 문제가 되지 않겠지만, 국가에 영향력을 행사하는 경영인들의 경우에 그들의 변화는 국가를 멸망의 길로 끌고갈 것이네.

종합한다면 경영인을 임명하는 데 있어서 그들의 행복을 배려할 것인가 국가 전체의 행복을 추구할 것인가를 잘 고려해 경영인과 협조자들이 일을 잘 수행하도록 해야 할 것이네. 다른 모든 국민이 특별히 한 가지 일에 두드러진 재주를 갖도록 권장해 각자가 자기의 본분을 지키는 가운데 나라가 번영하고 각자가 행복을 느낄 수 있다고 생각하네.

경영인: 그렇습니다.

소크라테스: 그러면 이와 비슷한 문제에 대해서도 동의할 만한지 살펴보게.

경영인: 그것은 무엇인지요?

소크라테스: 기술자들을 타락시키는 것에 관한 문제이네.

경영인: 그렇게 만드는 것은 무엇인가요?

소크라테스: 부와 가난일세.

경영인: 왜 그렇지요?

소크라테스: 예를 들어서 도공이 부자가 된 다음에도 자기 기술에 대해서 여전히 애착을 갖겠는가?

경영인: 별로 관심을 갖지 않을 것 같습니다.

소크라테스: 아주 게으르거나 방탕하게 되겠지. 이번에는 반대로 가난해서 필요한 연장이 구비되지 못했을 때는 만들어낸 제품이 질이 떨어지고 그런 사람의 제자들 역시 변변치 못한 기술자가 되지 않겠나?

경영인: 그럴 것 같습니다.

소크라테스: 그러면 우리 경영인들의 임무가 하나 더 늘어난 셈이네. 그들 자신도 모르는 사이에 나라 안으로 들어올 위험한 것들에 대해서 경계해야 할 것이네.

경영인: 그것이 무엇인지요?

소크라테스: 바로 부유와 빈곤을 말하는 것이네. 한쪽은 사치와 게으름과 공명심, 다른 한쪽은 노예근성과 고약한 성품을 가져오기 때문이네. 어떤가?

경영인: 사실입니다.

기분 좋은 환경에서 탁월성은 빛을 발휘한다

경영인: 경영에서 중요한 것은 적절한 인재선발과 관리인데요. 각자의 탁월성을 발휘하도록 하려면 어떠한 인재관리 철학이 필요할까요?

소크라테스: 우선 이렇게 생각해 보세. 대머리인 사람과 장발인 사람의 경우를 생각해 보세. 그 사람들은 성격상 서로 다를 것이며 그렇게 인정하지 않을 수 없네. 따라서 대머리가 구두장이라면 장발인 사람은 구두장이가 될 수 없을 걸세. 서로 상반된 성격의 소유자이니 말이지.

경영인: 농담은 아니겠지요?

소크라테스: 농담이라고 할 수도 있지. 하지만 진담이기도 하네. 우리가 처음에 국가를 건설하면서 성격의 차이를 규정할 때, 모든 성격의 차이가 모든 종류에 해당된다고 하지는 않았네. 그때에는 단순히 개인의 직업에 영향이 있을 것 같은 성격의 차이에 대해 언급했으나, 의술을 지닌 남자 의사와 여자 의사는 영혼에 있어서는 같은 성격의 소유자로 간주할 수밖에 없네.

경영인: 그렇군요.

소크라테스: 그렇다면 의사와 목수는 서로 다른 성격을 갖고 있다고 봐야 할 걸세.

경영인: 전적으로 다릅니다.

소크라테스: 그렇게 남자와 여자가 기술이나 직업에 대한 적합성에서 차이가 있다고 한다면, 우리는 그러한 기술이나 직업 중에 각자에게 알맞은 것을 주어야 할 걸세. 그런데 그 차이가 여자는 아이를 낳는 데 있고 남자는 아이를 생기게 하는 데 있다면, 그 차이가 바로 여자들이 받아들여야 할 교육이 남자들과 달라야 한다는 증거가 될 수는 없다고 생각하네.

경영인: 옳은 말입니다.

소크라테스: 다음에 우리는 시민의 직업이나 기술에서 여자들의 소질이 남자들의 소질과 어떻게 다른지 반대론자들에게 묻고 싶네. 그리고 여자들의 소질 중에 국가의 행정상 그들에게 맞는 직업을 줄 만한 특별한 것들이 없었다고 주장할 수 있네.

경영인: 네, 그렇습니다.

소크라테스: 그리고 이렇게 질문해 보세. 어떤 사람에게는 재능이 있다고 말하고 또 어떤 사람에게는 재능이 없다고 말할 때, 전자는 무엇이든 잘 배우고 잘 기억하며, 후자는 잘 배우지도 못하고 잘 기억하지도 못한다는 뜻이 아닌가. 그렇다면 전자는 그의 정신활동에 충실할 수 있는 육체를 지니고 있기 때문이며, 후자는 정신활동에 지장을 받을 만한 상태에 있기 때문이 아닌가. 결국 이와 같은 사실로부터 '태어날 때부터 선천적으로 재능이 있는지 없는지를 구분하는 척도로 삼지 않았는가'라고 말일세.

경영인: 아무도 이것을 반박하지 못할 것입니다.

소크라테스: 그렇다면 생각해 보게. 남자들이 여자들보다 재능이나 성격에 있어서 열등한 것이 있는지 말일세. 옷감을 짜는 일이나 과자를 만드는 일, 요리하는 일은 여자들의 솜씨가 월등하네. 반대로 여성이 남자들에게

못 미친다면 우스운 일이 될 걸세.

경영인: 한쪽 성이 다른 한쪽 성보다도 우월한 분야가 있는 것은 사실입니다. 여성이 남성보다 뛰어난 분야가 많이 있습니다. 전체적으로 선생님 의견이 옳습니다.

소크라테스: 그것은 이런 뜻이네. 국가 안에서 여성이 여성이라는 이유로, 남성이 남성이라는 이유로 해야 할 특수한 일이라는 것은 따로 없다는 말일세. 자연의 재능은 양성에 똑같이 골고루 배당되었다는 말이지. 남성들의 직업을 여성들도 가질 수 있다는 말이네. 여성들이 좀 힘이 약하기는 하네.

경영인: 옳은 말입니다.

소크라테스: 다시 말해서 남자나 여자나 똑같이 경영인으로서의 특징을 가질 수 있지만 다만 어느 쪽이 강하고 어느 쪽이 약한가의 차이가 있을 뿐이라는 것이네. 따라서 그와 같은 특성을 지닌 여자는 그 능력이나 성격에 있어서 자기와 비슷한 자의 배우자나 동료가 되는 것이 좋을 듯하네. 같은 성질의 사람은 같은 일에 종사해야 하지 않겠나?

경영인: 그런 것 같습니다.

문답법을 즐겨라,
그 속에 소통의 비법이 있다

경영인: 소통을 잘 하려면 어떤 기술이 필요한가요?

소크라테스: 문답법이네. 서로가 서로에게 본질을 찾을 때까지 질문하고 답을 찾아가는 대화법이지. 상명하달의 대화에 익숙한 사람들은 처음에는 불

편하고 시간낭비라는 생각이 들겠지만 본질이 통해야 각자의 탁월성을 발휘할 수 있는 것이네.

경영인: 공감합니다. 그러면 문답법에 대해서 가르침을 받겠습니다.

소크라테스: 문답법이 연주하는 노래가 있네. 이 노래는 가시적이긴 하나 시각 능력에 의하여 모방될 수 있네. 우리는 앞에서 시각 능력이 이미 생물 자체와 별들 자체, 그리고 마침내 태양 자체를 바라보려 한다고 말한 적이 있네. 이와 마찬가지로 어떤 사람이 문답법에 의하여 감각은 사용하지 않고 논증만을 통하여 각 사물의 실재 그 자체를 포착할 때까지 물러서지 않는다면, 시각 능력의 사용자가 그때 가시계의 궁극에 도달하듯이 가시계의 궁극점에 도달하게 될 것이네.

경영인: 전적으로 그렇습니다.

소크라테스: 그렇다면 자네는 이 과정을 문답법의 과정이라고 하지 않겠나?

경영인: 물론 그렇게 부릅니다.

소크라테스: 그런데 이것은 사슬에서 해방되어, 그림자로 보이는 것이 모상과 불빛을 바라보게 되고, 그리고 지하 동굴로부터 햇빛 있는 곳으로 올라오는 길이어서 아직 동물들과 식물들, 그리고 햇빛을 보지 못하지만 불 속에 비친 신적인 영상과 실물의 그림자를 보게 되지. 그런데 이것은 실물의 그림자이기 때문에 그 모조품의 그림자와는 다를 수밖에 없네. 왜냐하면 모상의 그림자를 만들어내는 빛은 태양의 빛과 다르기 때문이네. 우리가 서술한 여러 가지 학술에 대한 연구도, 이와 같은 힘을 가지고 있어서, 모든 존재들 가운데 가장 훌륭한 것을 관찰하도록 영혼의 중요한 부분을 이끌어주는 것이네. 이것은 앞의 물상계와 가시계에서 가장 밝은 것을 보도록 육체의 가장 정확한 부분을 이끌어주는 것과 같네.

경영인: 아무튼 저도 그렇게 받아들이겠습니다. 선생님이 말하신 대로 직접 본론으로 들어가서 서론을 검토하는 것과 같은 방식으로 검토해 보지요. 그러면 말해 주십시오. 문답법의 힘이란 어떤 것이며 어떤 종류로 나누어지는지, 그리고 거기에 도달하는 길은 어떤 것인지 말입니다. 왜냐하면 우리는 이 길을 따라 가면 여행의 목적지에 이르러 휴식을 취할 수 있기 때문입니다.

소크라테스: 하지만 여보게. 자네는 더 이상 따라 올 수 없을 것이네. 물론 나는 최선을 다해 보겠지만, 이제 자네는 우리들이 이야기하고 있는 모상이 아니라 내가 볼 수 있는 한도 내에서 진리 그 자체를 보게 될 테이니 말일세. 그러나 내가 보는 것이 진리인지에 대해서는 단언하지 않는 것이 좋겠네. 다만 그와 비슷한 것을 보지 않으면 안 된다는 것만은 단언해도 좋을 것 같네. 그렇지 않은가?

경영인: 물론 그렇습니다.

소크라테스: 그렇다면 문답법의 힘만이 우리가 방금 말한 여러 지식을 알고 있는 자들에게 그것을 보여줄 수 있을 뿐, 다른 방법으로는 불가능하다는 것도 단언해야 좋지 않을까.

경영인: 그러는 것이 좋겠습니다.

소크라테스: 그리고 우리의 주장에 대해서 이의를 달 사람은 없을 것이네. 모든 경우에 있어서 각 사물의 실재 그 자체를 정상적인 과정을 거쳐 파악하려는 것은 방금 이야기한 기술과는 다른 학문이며, 다른 기술은 모두 사람들의 의견이나 욕망, 또는 생성이나 조립된 것을 보살피는 일에 관련되어 있다는 것이네. 그 밖에 우리가 존재자에 관여한다고 말했던 학과들, 즉 기하학이나 그와 관련된 학과들은 가설을 사용하면서도 그것을 움직이

지 않고 그대로 내버려 두고 그것에 대한 증명을 할 수 없는 이상, 우리가 보기에 존재자에 대해 꿈을 꿀 수는 있으나 깨어서 뜬 눈으로 존재자를 볼 수는 없네. 왜냐하면 자신이 설정한 시초가 무엇인지 모르고 결말과 중간도 모른다면, 그가 어떻게 이것을 일치시켜 하나의 학문으로 만들 수 있겠는가?

경영인: 그것은 도무지 불가능합니다.

소크라테스: 그렇다면 문답법만이 성과를 확실히 하기 위해 가설을 피하고 직접 시원을 향해 나아가는 셈이네. 그러면 우리가 앞에서 말한 여러 가지 기술들을 협력자나 동조자로 사용하면서 진실로 야만인들의 진흙 속에 파묻혔던 영혼의 눈을 조용히 끌어 올리는 것이네.

경영인: 그렇습니다.

소크라테스: 그러면 우리는 전과 같이 첫째 부분은 지식, 둘째 부분은 추론적 사고, 셋째 부분은 소신, 넷째 부분은 상상으로 부르는 것으로 만족하세. 그리고 뒤의 두 가지를 '의견'이라고 부르고, 앞의 두 가지를 '지성'이라 부르기로 하세. 의견은 생성에 관계되고 지성은 실재에 관계되는 것이지. 그리고 지성이 의견에 대해 갖는 관계나 추론적 사고가 상상에 대해 갖는 관계는 지성이 의견에 대해 갖는 관계와 같네.

이 정도로 이야기하면 자네는 각 사물의 실재를 파악하는 자를 문답에 능한 자라고 부르겠지. 그런데 그렇지 못한 자는 그만한 지성을 갖춘 자라고 생각하지는 않겠지?

경영인: 어떻게 그렇게 생각하겠습니까?

소크라테스: 그렇다면 선에 관해서도 같은 말을 할 수 있을 것이네. 논증에 의해 선의 이데아를 다른 모든 것으로부터 구분해서 규정할 수 없는 자라

면, 논쟁에서 모든 반론을 뚫고 나아가 선의 이데아를 실재에 따라 검토할 수 없는 자라면, 아마도 자네는 그런 자가 선 자체는 고사하고 다른 선도 알지 못하고 있다고 주장할 것이네. 그가 혹시 사물의 모상을 접한다면, 그 것은 의견에 의해서 그런 것이지 학문에 의한 것이 아니네.

경영인: 저도 그렇게 생각합니다.

공부와 일과
사랑에 게으르지 마라

경영인: 지금까지 논의하고 있는 것들은 잘못 들으면 말장난으로 알겠습니다. '철학의 유용성'에 대해서 듣고 싶습니다.

소크라테스: 알겠네. 우리가 앞에서 제정한 법률은 어디까지나 자연에 순응한 것이네. 따라서 그것은 불가능한 일이 아니고 공상도 아니네. 이와 반대되는 현재의 습관이 자연과 배치되는 것이지.

경영인: 그것은 사실입니다.

소크라테스: 이제 우리는 먼저 우리의 제안이 가능한가를 규명하고 그것이 유익한 것인지 살펴볼 필요가 있네. 그런데 그 가능성이 이미 인정되었으니 이번에는 유익성이 인정되어야 하지 않겠나?

경영인: 그렇습니다.

소크라테스: 남성을 훌륭한 경영인이 되게 하는 교육은 여성에게도 훌륭한 경영인이 되게 하는 데 도움이 될 것이네. 그들의 본성이 같은 경우에는 말일세.

경영인: 그렇습니다.

소크라테스: 철학자들이 경영인이 되거나 아니면 현재의 경영인들이 참으로 지혜를 사랑하는 사람이 되지 않는 한, 즉 정치적인 힘과 철학이 한 사람에게서 결합되지 않는 한, 지금처럼 어느 한쪽으로 흐르는 대다수 사람들의 성향을 저지하지 않는 한, 인류에게 악과 불행이 사라지지 않을 것이네. 그리고 우리들이 이야기하는 이상적인 경영 체제가 현실화되어 햇빛을 보는 일은 없을 것이라고 생각하네. 이것에 대해서 나는 말하기를 꺼려 왔네. 사실 그렇게 되지 않으면, 어느 나라도 개인적으로나 전체적으로 행복을 누릴 수 없기 때문이지.

경영인: 그런 이야기를 하시다니 걱정이 이만저만이 아닙니다. 이제 배운 자나 못 배운 자나 많은 사람이 무기를 들고서 끔찍한 일을 저지르고자 선생님께 달려들 것입니다. 선생님께서 이를 해명하지 못한다면 큰 봉변을 당할 것입니다.

소크라테스: 나는 자네가 도와 줄 것이라고 믿고 있네. 하지만 그들을 설득하기 위해서 우선 철학자들이 어떤 사람들인지를 규정해야 할 것일세. 어떤 사람들은 철학에 종사하면서 나라의 지도자가 되는 것이 어울리겠지만, 어떤 사람들은 철학에 종사하는 것도 어울리지 않고, 다만 지도자에게 복종하는 것이 어울릴 것이라는 것을 밝힘으로써 봉변을 벗어날 수 있으리라고 기대하네.

경영인: 그렇다면 이제 정의를 내려야 할 시간이군요.

소크라테스: 그러면 이 점에 대해 내가 자네에게 상기시켜 주어야 하는지, 아니면 자네가 스스로 상기할 수 있는지 살펴보게.

어떤 사람이 무엇인가 사랑하고 있다고 말할 때, 이 말이 올바로 사용되는 것이라면, 그가 어떤 것의 일부만을 사랑하고 다른 부분은 사랑하지 않는다고 보여서는 안 되고 전체를 사랑하는 사람으로 보여야만 한다는 것이네.

경영인: 무슨 말이지 이해가 안 됩니다. 제게 상기시켜 주십시오.

소크라테스: 한창 나이의 젊은이들이 사랑에 빠지면 그들은 상대의 외모를 모두 매력으로 보아 넘기게 되네. 매부리코 왕자라든가 벌꿀같이 희다며 애칭으로 부르게 되지. 사랑에 빠져 구실이란 구실을 다 대고 말이란 말은 다 하며 어느 것 하나 배척하지 않게 되지. 애주가들 역시 술이란 술은 어느 것도 마다 않고 반기는 법이네.

경영인: 정말 그렇습니다.

소크라테스: 그렇다면 다음의 질문에 답해 주기 바라네. 가령 어떤 사람이 무엇을 요구한다고 할 때, 우리는 그 사람이 그 종류의 모든 것을 요구한다고 봐야 하겠나? 아니면 일부분을 요구한다고 봐야 하겠나?

경영인: 모든 것을 요구한다고 봐야 합니다.

소크라테스: 그렇다면 철학자들 또한 일부분의 지혜만을 요구하는 사람이 아니라 모든 지혜를 요구하는 사람들이라고 봐야 하겠나? 그러니까 배움에 관해서 싫증을 느끼는 사람들, 즉 아직 무엇이 요긴한지 아닌지를 분별할 줄 모르는 사람들에게 배움을 좋아하거나 지혜를 좋아한다고 말하지는 않을 걸세. 먹는 것을 반기지 않는 사람에게 배가 고프거나 식탐이 있다고 하기보다는 먹는 것이 신통치 않다고 말하는 것과 비슷하지.

그러니 일체의 지식을 선뜻 맛보려고 하며, 기꺼이 배우려고 하며, 배움에 만족을 모르는 사람을 우리는 철학자라고 불러야 할 걸세.

경영인: 참된 철학자들이라고 할 때는 어떤 사람들을 말하는 것입니까?

소크라테스: 진리를 좋아하는 사람들을 두고 하는 말이네.

경영인: 그것도 이해하기 쉬운 말이 아닙니다.

소크라테스: 말하자면 듣기를 좋아하는 사람들이나 구경을 좋아하는 사람들은 아름다운 소리나 빛깔과 모양을 반길 뿐, 아름다움의 본질 그 자체는 볼 줄도 반길 줄도 모르네. 아름다움의 본질에 이르러 자체로서 볼 수 있는 사람은 소수에 지나지 않을 걸세.

경영인: 그렇군요.

소크라테스: 그렇다면 아름다움 자체라는 것이 있음을 알고, 그 아름다움을 나누어 갖고 있는 것들과 혼동하지 않고 각기 알아볼 수 있는 사람들을, 자네는 깨어있는 사람들이라고 생각하지 않는가?

경영인: 그렇지요. 그런 사람들이 깨어 있는 사람들입니다.

소크라테스: 그렇다면 이러한 사람들의 지적 상태는 아는 자의 것이므로 지식이라고 하고, 그렇지 못한 사람들의 지적 상태는 단순한 생각뿐인 의견이라고 할 수 있겠네.

경영인: 전적으로 맞는 말입니다.

소크라테스: 결국 경영인은 '사람의 본성'을 먼저 깨닫고, 조직원들이 천부적으로 가지고 태어난 그들의 '능력'을 최대한 발휘하도록 도와야 하네. 그래서 조직원들 모두가 공부와 일과 사랑에 게으르지 않도록 한다면 이 세상에서 가장 훌륭한 경영자가 될 것이네.